Klaus Pinter
Wiener Mischung

Installationen mit unbekannten Objekten aus dem Depot
des Historischen Museums der Stadt Wien

31. 5. 2000

Juni bis September 2000

FOTO OTTO

KLAUS PINTER

# WIENER MISCHUNG

## Installationen mit unbekannten Objekten aus dem Depot des Historischen Museums der Stadt Wien

HERMESVILLA

«Der wahrscheinlichste Zustand ist die völlige Unordnung»
*Sadi Carnot, franz. Gelehrter, 1824*

## VORWORT

Mit der in den kommenden Monaten in der Hermesvilla stattfindenden Ausstellung *Wiener Mischung* geht das Historische Museum der Stadt Wien einen ‹anderen› Weg, betritt, könnte man auch sagen, ‹Neuland›. Gerne ließen wir Klaus Pinter unsere Sammlungen ‹anders› sehen: In der Hermesvilla, in Kaiserin Elisabeths ‹Schloss der Träume› und in Plastiken und Objekten aus dem geradezu ‹unerschöpflichen› Museumsdepot fand er Anreiz und Herausforderung für seine künstlerischen Absichten.

Artefakte aus Vergangenheit und Gegenwart werden temporär gegeneinander gesetzt, das Spannungsfeld ‹Zeit›, in dem der Mensch unentrinnbar steht, als ‹Geschichte› begriffen.

Klaus Pinters Installationen werden so zu einem Teil dessen, was das Museum auch ist, Experiment nämlich. Die seit der Gründung der Museen gewachsenen, einzigartigen Sammlungen treten mit der Gegenwart in Diskussion, um so immer erneut die Grenzbereiche zwischen Vergangenheit, Gegenwart und möglicher Zukunft auszuloten und in der stets aktualisierten Rezeption erfahrbar zu machen. Dieses Spannungsfeld gibt den Museen ihre unverwechselbare Stellung und macht sie zu einem lebendigen Ort der Auseinandersetzung der sich ständig verändernden und weiter entwickelnden kulturellen Positionierungen und den sich wandelnden Bedürfnissen und Anforderungen der Gesellschaft.

Mit dieser Arbeit des international agierenden Künstlers bekennt sich das Historische Museum der Stadt Wien zu neuen Impulsen: Wir verstehen Klaus Pinters unverwechselbaren Zugang zur Geschichte, seine sinnlich visuelle Rezeption derselben, als intellektuelle Herausforderung.

*Günter Düriegl*
Direktor der Museen der Stadt Wien

## IMPRESSUM

Dokumentation zur Ausstellung
Klaus Pinter *Wiener Mischung*
Installationen mit unbekannten Objekten aus dem Depot
des Historischen Museums der Stadt Wien (1. Juni bis 10. September 2000)
261. Sonderausstellung des Historischen Museums der Stadt Wien

*Projektverantwortung:* SR Dr. Renata Kassal-Mikula
*Projektleitung:* Dr. Traute Fabich
*Ausstellungsplanung:* Klaus Pinter, Andrä Aduatz
*Technische Durchführung:* Richard Resch (R. u. R. Ausstellungsorganisation)

*Herausgeber:* Historisches Museum der Stadt Wien (Eigenverlag)
*Redaktion:* Bernhard Kellner
*Fotos:* Stefan Zeisler
*Grafik:* Rainer Dempf/Buero 8
*Druck:* Remaprint

ISBN 3-9500740-6-6

## DANK

Frau Dr. Traute Fabich übernahm die Koordination zwischen dem Künstler und dem Historischen Museum der Stadt Wien. Sie hat im Einverständnis mit Klaus Pinter Büsten und Objekte aus dem Depot ausgewählt und damit die vorbereitenden Atelierarbeiten unterstützt. Ihr Einsatz während des ganzen Projektes war von entscheidender Bedeutung zum Gelingen dieser außergewöhnlichen Schau.

Die Geschicklichkeit und Einsatzfreude eines seit Jahren eingeschworenen Teams, welches die künstlerischen Intentionen Klaus Pinters umzusetzen half, waren äußerst beeindruckend. Dank abzustatten ist auch Herrn Bernhard Kellner, dem Redakteur des Kataloges und Herrn Rainer Dempf von *Buero8*. Sie haben im Sinne einer ‹Wiener Mischung› Klaus Pinters Teams vervollständigt.

Im Historischen Museum der Stadt Wien hat Frau Senatsrätin Dr. Renata Kassal-Mikula die Ausstellung mit jener Sicherheit kuratiert, die ihren unverzichtbaren Anteil an jeder unserer Arbeiten auszeichnet.

Besonderen Dank im Hause ist Herrn Willibald Gapp, der sich, über seinen normalen Aufgabenbereich hinaus, als besonders initiativ und einsatzfreudig erwies; in gleicher Weise danke ich Frau Erna Kleinhofer, Oberaufseherin in der Hermesvilla, sehr gerne.

*Günter Düriegl*

Motivskizze zu Acrylglastunnel *In Sisis Schlafzimmer*, Filzstiftzeichnung, 18 × 31 cm
Courtesy Galerie Heike Curtze, Wien

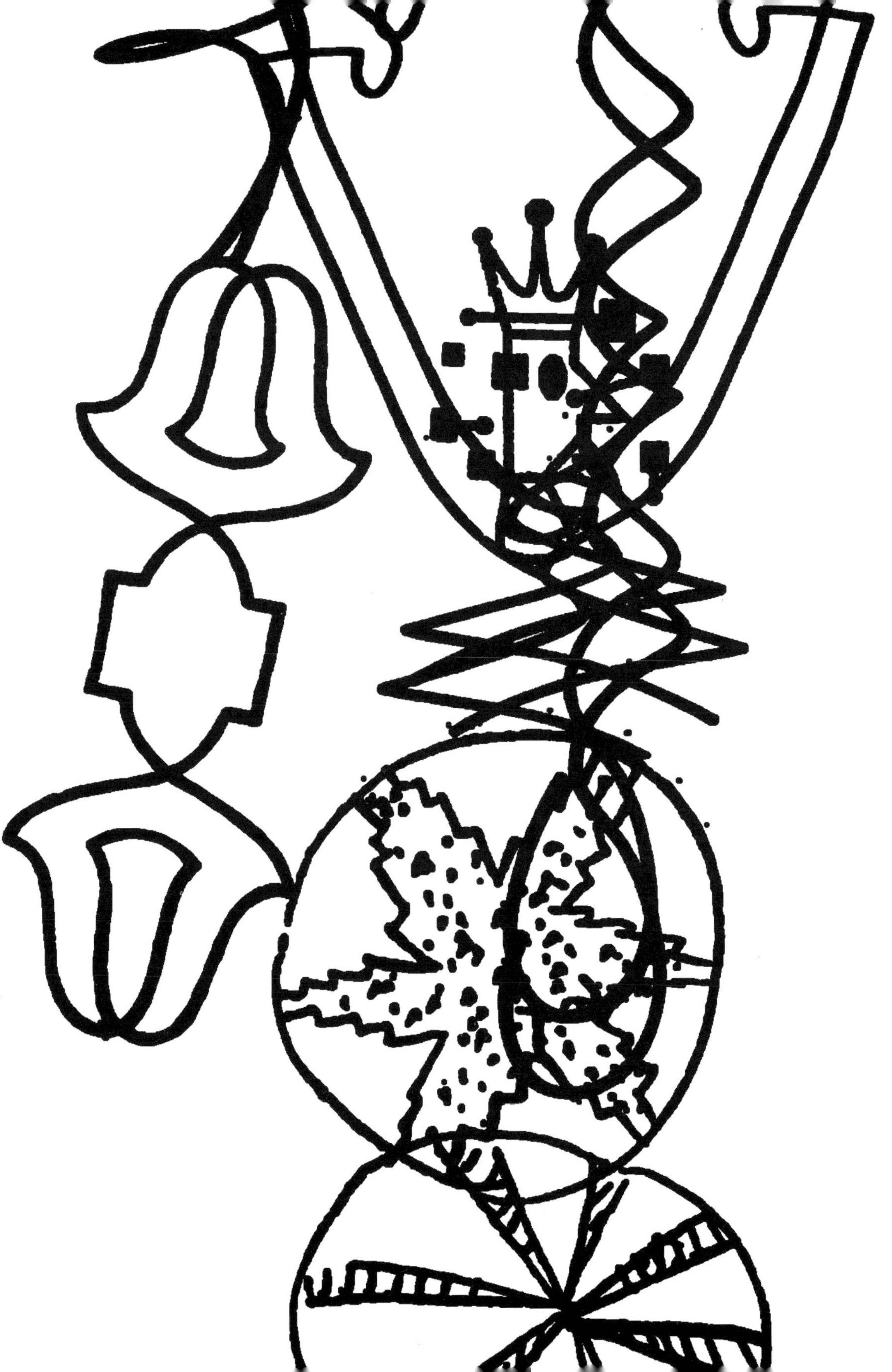

## EINLEITUNG

*Was geht hier vor?* – Mit dieser Frage eröffnet Roland Barthes seinen Essay über ‹Die Weisheit der Kunst› (1979), in dem er das Zeichenuniversum des Cy Twombly untersucht. Dieselbe Frage wird aller Voraussicht nach auch dem Besucher der Hermesvilla auf der Zunge liegen, wenn er sich unter der Wucht von Klaus Pinters Installationen an die getäfelte Wand seiner Lieblingsgeschichtsvorstellung gepresst, im Unklaren wiederfindet. Und es ist die Frage, mit der sich der Dokumentarist an seine Arbeit macht.

Barthes schlägt fünf, dem Griechischen entliehene ‹Ereignistypen› vor, die im Kunstwerk zusammenwirken und dem Betrachter die Erkundung erleichtern: Die ‹Tatsache› *(pragma)* bezieht sich auf die verwendeten Materialien, die der Künstler als «eigensinnige Substanzen» handhabt. Der ‹Zufall› *(tyche)* bezeichnet das plötzlich eintretende Ereignis und die Kunstproduktion als Wurfbewegung: Der Künstler weiß, wie er werfen soll, aber er kann nicht wissen, was er treffen wird. Das ‹Ziel› *(telos)* ist der Effekt, den das Werk zeitigt; laut Barthes «ein hochgradig sinnlicher und meistens visueller Gesamteindruck», der nicht mehr auf die Summe seiner Details zurückgeführt werden kann. Die ‹Überraschung› *(apodeston)* verweist auf ein schelmisches Moment, auf ein ‹Absacken› – «als ob der humanistischen Aufgeblasenheit plötzlich die Luft ausginge». Die ‹Handlung› *(drama)* umfasst schließlich die Gesamtheit aller Tätigkeiten, die zu einer befristet gültigen «Neuinszenierung der Kultur» wie jener der *Wiener Mischung* führen.

Der Katalog nimmt diese Spur auf und überträgt Pinters künstlerische Vorgangsweise so weit als möglich auf den Dokumentationsprozess. Neben Stefan Zeislers fotografischer Bestandsaufnahme versammelt er sieben kontroversielle Beispiele aus der Diskursproduktion, die im Windschatten von Pinters Zugriff einsetzt. Die AutorInnen konnten die Ausstellung nie in ihrer Gesamtheit betrachten, umso verblüffender erscheint das Ergebnis: Als dokumentarische Rohmaterialien in die Bildteile eingestreut, entwickeln die Beiträge – den «eigensinnigen Substanzen» in Pinters Installationen vergleichbar – ihr jeweiliges Eigenleben. Jeder Text steht für eine spezifische ‹Schreibweise›, sofern man darunter den gesellschaftlichen Raum, die formale Realität zwischen Sprache und Stil und den nie endenden Kompromiss zwischen (künstlerischer) Freiheit und (kollektiver) Erinnerung versteht, den jede AutorIn zwangsläufig eingeht.

Ursula Maria Probsts *Shortcuts* führen ins Pintersche Produktionsuniversum ein, Renata Kassal-Mikula beleuchtet die ‹Ordnung der Dinge› im Depot des Historischen Museums. Heinrich Bergers und Gerhard Botz' *‹Zweite Gesellschaft› der Büsten* lässt künstlerische Intuition und wissenschaftliche Methodik kollidieren. Ihre historisch-quantitative Studie bringt sozialgeschichtliche Fakten ans Licht, die sich hinter den Objekten der Installation verbergen. Marc Ries verweist auf den ‹submedialen Raum›, der sich unter der Oberfläche der medialen Erscheinungen auftut. Irene Nierhaus entwirft eine komplexe Kartografie des Stadtraums als narrativer Oberfläche. Siegfried Mattl betrachtet die theoretischen Bedingungen einer Auseinandersetzung mit Geschichte aus phänomenologischer Sicht: «Zuerst muss das künftig Mögliche ins Auge gefasst werden, um Strukturen des Vergangenen überhaupt denken zu können». Mit Markus Mittringers *Auf Augenhöhe der Zeit* rückt der Katalog ein Stück weiter in die Nähe einer literarischen Anthologie.

Zwischen den Texten ergeben sich markante Anziehungs- und Abstoßungsverhältnisse. Zusammengenommen ergeben sie ein Schriftkonglomerat, eine komplexe und widersprüchliche ‹Erzählung›, deren heimlicher (Anti)Held die moderne Geschichts-Schreibung ist. Dieser ‹Effekt› verdoppelt Pinters Intentionen, die er anhand einiger kurzer Gesprächspassagen im Schlussteil umreißt. Indem er die Hermesvilla in Ausnahmezustand versetzt, schafft er Raum für die Neuerfindung der Gegenwart.

*Bernhard Kellner*

Seite 12–18

*Wiener Mischung I,* große Büstengruppe auf Eisenkörben mit Lichtreliefs, 8,6 × 4,8 × 3 m

93337
90623
93173

48149
74751
51862
59221

59221
MAGDA

**URSULA MARIA PROBST**

# SHORTCUTS
## *Rundgang durch die* Wiener Mischung

Klaus Pinters Projekt *Wiener Mischung* entstand aus der Idee, die Porträtbüstensammlung aus dem Depot des Historischen Museums der Stadt Wien als ‹unbekannte Objekte› in den künstlerischen Prozess einzubeziehen. Die Wahl der Hermesvilla als Ort der Ausstellung bringt neben der Präsentation der Sammlung eine weitere historische Komponente ins Spiel. Im Stil des Historismus erbaut und mit dekorativen Details großzügig ausgestattet, widerspricht die Villa in ihrer heterotopen Funktion als Ausstellungsort einerseits und Gedenkstätte für Kaiserin Elisabeth andererseits den Vorstellungen von einem Schauraum als neutralem Gefäß. Die künstlerische Methode der Deregulierung hermetischer ästhetischer Codes im Werk Klaus Pinters trifft in der Hermesvilla mit ihrer opulenten Architektur und Ausstattung auf eine komplexe Situation. Welche Möglichkeiten existieren für einen Künstler, Strategien zu entwickeln, um dem übermächtigen Druck des Historischen zu begegnen und für die BetrachterInnen Situationen der ästhetischen Erfahrung zu schaffen, die sie aus einer konventionellen, kodierten Wahrnehmung des Schauraumes herauslösen?

Die temporäre Definition des Ortes als künstlerisches Projekt steht im Werk Pinters in engem Zusammenhang mit örtlichen Markierungen, die eine differenzierte Wirkung von räumlichen Strukturen zulassen. Bereits in den 80er Jahren bevorzugt Klaus Pinter Orte an der Peripherie der Kunstszene wie z. B. das Palais Ferstel (1985), das zum Zeitpunkt der Ausstellung eine Baustelle war, oder die ehemalige Villa der Farouks in Kairo (1989) gegenüber eindeutig definierten Kunsträumen.[1] In den 90er Jahren befasst sich Pinter vermehrt mit Sammlungen, deren Werke als ‹objets trouvés› zum Material seiner Installationen vor Ort werden. Dabei zielt die künstlerische Methode, ‹Nicht-Zusammengehöriges›[2] zu manipulieren, nicht auf eine Destruktion der Architektur des Schauraumes, vielmehr löst sie tradierte Strukturen aus ihrem Kontext, um das Raum-Sehen zu stimulieren. Die temporäre Veränderung der Hermesvilla für den Zeitraum von dreizehn Wochen bewirkt eine Transformation der aus konventionellen Abläufen gewonnenen Gebrauchsstruktur des Ortes. Eine gleichzeitige Deregulierung bestehender Ordnungssysteme lässt das stabile System kippen und vollzieht einen Schnitt/Cut des Raumes aus seinem historischen Zeitgefüge. Diese Modifikation vertrauter Realitätsebenen stellt zunächst affirmative Beurteilungs- und Wertsysteme in Frage und zählt zu den konzeptionellen Merkmalen in Pinters Werk. Im folgenden Rundgang werden einige markante Werkstrukturen reflektiert.

Die Installation im Tilgnersaal erhält durch die frontalen Anordnungen der Porträtbüsten einen inszenatorischen Charakter und stellt so eine entfernte Parallele zum Theater her. Das Ausbalancieren der Porträtbüsten auf Eisengitterzylindern verlangt nach Haltebügeln und Plastikbändern. Das Wissen darum, dass solche Plastikbänder in den USA als Handschellen benützt werden, steigert den dramatischen Effekt der Szene. Zum Erforschen neuer Modalitäten der künstlerischen Artikulation im Raum wählt Pinter verrostete Baustahlgitter. Sie dienen als Basis für die seriellen Anordnungen der Porträtbüsten, die vorwiegend aus dem 19. Jahrhundert stammen und deren Wahl nicht nach Bedeutung oder gesellschaftlicher Funktion der dargestellten Personen erfolgte, sondern die als ‹objets trouvés› nach Materialstruktur, Größe und formalen Eigenschaften ausgewählt wurden. In der Absage an eine Differenzierung nach Original oder Replik und in der Ablehnung eines repräsentativen Querschnitts werden sammlungstechnische Überlegungen skeptisch reflektiert. Gleichzeitig wird mit dem Denkmalcharakter und der ideologischen Funktion der Porträtbüste als Medium der öffentlichen Bewusstseinsbildung gebrochen.

Die Büstenkonfigurationen werden nicht von traditionellen Sockeln getragen. Der Sockel als statisches Element, das die Skulptur verankert, verortet und das Objekt als Skulptur definiert, wird durch das Baustahlgitter ersetzt. Seine rohe Materialqualität wird durch spiralförmige Eisendrähte und -bänder um weitere industrielle Materialien[3] ergänzt. Was zunächst in seiner informellen Gestaltlosigkeit völlig unartikuliert und chaotisch wirkt, strukturiert sich aus identischen Formpartikeln, die durch Variationen optisch verwandelt werden. Als lineare, grafische Elemente lassen sie die Idee von Zeit, Bewegung und Rhythmus einfließen und erinnern an Zeichnungen im Raum, wie sie bereits in Pinters Frühwerk existieren. Die serielle Anordnung der Metallzylinder und die Variationen der Spiralformen lösen durch die Verschränkung immer gleich bleibender Strukturen eine Rhythmisierung der Raumsyntax aus. Diese Zustände der Sukzession und Simultaneität werden durch ornamenthafte Flügelinstallationen gesteigert. Deren Parallelführung erweckt Assoziationen zu den Segeln eines Schiffes und lässt an Michel Foucaults Metapher des Schiffes als Ort ohne Orte denken.[4] Als ortsbezogene Installationen haben Pinters Werke mit Schiffen insofern Ähnlichkeit als sie Räume in Räumen bilden und als Fremdkörper das Kontinuum der ursprünglichen Funktion des Raumes aufbrechen.

Die temporäre Inbesitznahme des Ortes lässt durch die Demontage der traditionellen Ausstellungsarchitektur, die Öffnung der Fensterläden und das Hereinbrechen des Sonnenlichts auch die Zeit vor Ort als Dimension in den gestalterischen Prozess einfließen. Rote, blaue und weiße Lichtbandreliefs und Lichtbänder suggerieren Dynamik und bilden weiträumige Arabesken, deren Projektionen eine immaterielle Analogie zur Grafik im Raum bilden. Gleichzeitig lässt die Reflexion des roten Lichtes die Porträtbüsten als Fragmente roher Fleischlichkeit erscheinen. Dieser Schritt vom Durchgeformten zum Rohen, vom Materiellen zum Immateriellen im Werk Pinters widerspricht einem ästhetischen Imperativ, der die Übersteigerung des Grobsinnlichen dem Reflexivsinnlichen entgegensetzt.

Materialien des alltäglichen Gebrauchs, wie zum Beispiel zusammengepresste Kontoauszüge aus der Altpapierverwertung, bilden die Basis für die Installationen in benachbarten Räumen. Papierballen, die sich trotz Stabilisierung mittels Drähten bereits in einem Auflösungsprozess befinden, suggerieren amorphe Leichtigkeit und erinnern an einen Prozess der Häutung. Ihre haptische Körperlichkeit reflektiert das Licht flockig in Pastelltönen und zeigt in der Tendenz zur Formauflösung Parallelen zu einer antiformalistischen Materialästhetik. Sie sind zugleich Trägerfläche für Acrylglasparavents und Fundamente, aus welchen Eisengitter ragen. Diese schwingenden Konstruktionen fungieren als ‹Gefängnisse› für weitere Porträtbüsten. Die mit Siebdrucken versehenen und transparenten Paravents sind beidseitig bemalt. Ihre die Oberfläche gleichermaßen enthüllenden und verbergenden Siebdruckfragmente verleihen den aus Pinters Ornamentfundus stammenden Formen durch akzentuiert gesetzte Farbflächen plastische Wirkung. Es handelt sich dabei um das Zitat eines Stuckreliefs aus dem Nikolaus-Palais, wo Pinter 1995 sein Petersburg-Projekt realisierte. «Keine Ornamentik, die Pinter vorträgt, ist von ihm entworfen, insgesamt wird sie zitiert [...]»[5], schreibt Burghart Schmidt anlässlich dieses Projekts zum lebhaften Zusammenwirken informativer Strukturen. Der Verzicht auf klare Konturen und eindeutige Begrenzungen löst die Linien von ihrer Trägerfläche. Das Formenrepertoire wird anhand verschiedener Materialien durchgespielt und bewirkt so einen Übergang zwischen Fläche und Raum. Der Fluss der Wahrnehmung wird nicht von einzelnen Bildern getragen, sondern von der Schichtung verschiedener Materialien und der Kombination von Siebdruck und Malerei. Das Resultat ist ein Balancieren zwischen den Extremen der technischen und manuellen Ausführung. Dabei wird ein Prinzip der Überblendung angewandt, das bereits Anfang der 80er Jahre einer Serie von *Stratigraphischen Objekten* zugrunde liegt.

Der Wiederholungsgestus in Formensprache und Bildgestaltung lässt zwar strukturelle Analogien im Werk Pinters erkennen, führt aber in der bildnerischen Produktion vor Ort zu neuartigen Beziehungen von Fläche und Raum. Aus seinem Repertoire existierender Ornamente wählt Pinter für den Paravent, den er vor das Gemälde von Hans Makart[6] platziert, ein abstraktes Flächenornament. Davon ausgehend wird durch die modulierte Wiederholung von vierzehn identischen Elementen eine rosarote Styroporwand als Maske vor das monumentale Makartbild gesetzt. Aus den Gestaltungsprinzipien von Negativ- und Positivformen entsteht ein Relief, dessen intensives Spiel zwischen Leere und Form den BetrachterInnen den unmittelbaren Zugriff auf das Gemälde verweigert. Eine Abwandlung dieses Reliefs taucht bereits in früheren ortsbezogenen Installationen Pinters als gestalterisches Element auf, wie zum Beispiel als *Roter* oder *Schwarzer Paravent* (1998), die den Zwischenraum für zwei Figuren in der Abgusssammlung des Instituts für Klassische Archäologie der Universität Salzburg bilden oder als querformatige Elemente einer hängenden Wand im Theseustempel-Projekt (1999).

Der dem Makart-Gemälde vorgesetzte Paravent zeichnet durch den Effekt der Wiederholung craqueléartige Strukturen. Diese bewirken durch ihre Einschnitte eine Auflösung der optischen Bildebene als Darstellungsort der Malerei und öffnen das historische Gemälde gegenüber dem realen Raum. Die Metapher des Schnitts als operative Wunde lokalisiert sich nicht im Bild, sondern außerhalb des Bildes durch das Vorblenden einer farbig gestalteten Membran. Die Fähigkeit der rosa Farbe, sich optisch zu immaterialisieren, löst die Farbe von der Trägerfläche der Wand und lässt sie im Raum schweben. Im Oszillieren von Zwischenräumen und der rhythmischen Struktur des Ornaments wird der sublime Blick der BetrachterInnen angeregt. In der *Wiener Mischung* resultiert die visuelle Information aus dem Zusammenspiel von Formkonstellationen, die sich aus den negativen Einblicken freilegen, und der Serialisierung einfacher ornamentaler Elemente, die sich wiederum zu einem Ornament zusammenfügen. Diese ‹Entgrenzung› der Wiederholungsstruktur evoziert eine prozesshafte Wahrnehmung in Stufenabfolgen. Die daraus resultierende Diskontinuität der Werkbetrachtung modifiziert eingeprägte Wahrnehmungssysteme. Anstelle einer andächtigen kunstbeflissenen Bewegung durch den Raum entsteht ein Moment der Ungewissheit, das die Option zur Erzeugung eines lustvollen Augenblicks jenseits kontrollierender Mechanismen der Rauminbesitznahme in sich trägt.

Das Schlaf-, Durchgangs- und Turnzimmer von Kaiserin Elisabeth durchqueren die BesucherInnen in einem Tunnel aus Acrylglas. Als architektonisches Element folgt die Installation keinen funktionalistischen Ambitionen, sondern dient als Auslöser für eine aktive Partizipation der BetrachterInnen. Die physische Distanz zum Kunstwerk wird durch die Bewegung im Tunnel aufgegeben. Die BetrachterInnen durchschreiten einen Erlebnisraum, der einem Container gleicht. Mit der Idee der Verräumlichung des Bildfeldes befasste sich Pinter bereits in den 60er Jahren, als er die Konstruktion eines bemalten Rundhorizonts realisierte, der das Blickfeld des Betrachters einschloss. Das Konzept des dreidimensionalen, begehbaren Bildes liegt auch der Gestaltung des Tunnels zu Grunde. Dieses Moment der Körper-Empathie ist in Kombination mit menschlichen Erinnerungs- und Erfahrungswerten wesentlich für die Wahrnehmung des Raumes. In der Rauminstallation *Archéologie de la ville* im Centre Georges Pompidou (1977) konnten sich die BetrachterInnen in begehbaren Eisenkonstruktionen bewegen, die durch räumliche Verengungen klaustrophobische Zustände auszulösen vermochten. Das Acrylglas dagegen zeitigt den Effekt einer Trennscheibe, die als optische Haut den Raum durchschneidet und gleichzeitig als Bildfolie für eine dichte Textur von Ornamenten dient, deren ‹All-over-Struktur›[7] zur Herausbildung virtueller Objekte führt. Es entsteht eine Schnittstelle von Statik und bewegten Linien. Das Relationale und Kompositionelle wird durch Wiederholung, Überlagerung und Schichtung der Elemente vermieden. Der direkte Bezug zum Ort äußert sich in der Anpassung des Tunnels an die räumlichen Koordinaten. Die All-over-Struktur des Ornaments wird durch schwarze Balken, deren Abfolgen der Methode des szenischen Schnitts gleichen, unterbrochen. Nach dem Prinzip des filmischen Montage wird gleichsam Ort an Ort geschnitten. Die BetrachterInnen können durch die Enge des Tunnels ihre Bewegungen nicht mehr frei bestimmen und werden zu PassantInnen, deren Schrittfolgen eine Parallelachse zum Raum bilden. An die Stelle der Topografie des Raumes tritt dabei die Topografie des Körpers als Vehikel. Als PassagierInnen im Tunnel erhaschen die BetrachterInnen nur Ausschnitte des Raumes. Innerhalb dieser Verschneidung gewohnter Raum-Zeit-Strukturen kommt es zu einer fortdauernden Verschiebung realer und historischer Zeiten. Die in die Raumtiefe gestaffelten Gegenstände werden dem lebendigen Sehen entsprechend nacheinander und schichtweise ins Auge gefasst.[8] Das Aufstellen von weiteren abgewinkelten, mit Ornamenten versehenen Trennwänden außerhalb des Tunnels im historischen Raum bewirkt einen weiteren Perspektivenwechsel. Es entsteht ein Szenario aus einander multiplizierenden Standpunkten, die die Bilder als ‹images trouvés› aus der Bewegung heraus entstehen lassen.

Die Spiegelkonstruktion im ‹Kirchensalon› eröffnet ein optisches Spiel zwischen dem festen Blickpunkt der BetrachterInnen und einer perspektivischen Konstruktion, die die Wahrnehmung des Raumes auf den Kopf stellt. Der Neigungswinkel der elliptischen Spiegelfläche ist so gewählt, dass die ovale Kassettendecke des Salons im Spiegel reflektiert wird. Diese prekäre Dialogstellung von Spiegel und Decke bewirkt ein Auseinandertreten von rein optischer und körperlicher Welt. Die scheinbare Identität von Wirklichkeit und Abbildung vermittelt den Eindruck, als schwebte die Decke im Raum und hätte die Schwerkraft überwunden. Der Spiegel wird dadurch zum Störfaktor und thematisiert die Brüchigkeit der menschlichen Wahrnehmung. Die BetrachterInnen begegnen im Medium des Spiegels einer Blickfalle, die sie veranlasst, den richtigen Standpunkt einzunehmen. Gleichzeitig verweist das Spiegelbild in seiner Eigenschaft als Abbild auf den Ausblick durch das Fenster und bezieht so den Außenraum in den Innenraum ein. Der Spiegel bringt aber auch jene Verwandlung von Materialität in Immaterialität ins Spiel, die Jean-François Lyotard[9] als zunehmende Auflösung des Gegensatzes von Geist und Materie bezeichnete. Als paradoxes Medium gilt der Spiegel gleichermaßen als Instrument der Selbsterkenntnis, der Selbsttäuschung, der Weisheit und der Eitelkeit. Hier dient er dazu, den BetrachterInnen die Relativität ihres Blicks vor Augen zu führen.

Die Erweiterung des Rezeptionsverhaltens der BetrachterInnen wird vor Ort durch verschiedene Objekte durchgespielt. Die Frage nach einer möglichen Involvierung der BetrachterInnen mittels Interaktivität und -passivität wird auf diese Weise weitergedacht und in einer unwiederholbaren Jetztperspektive realisiert. Wie kommt es, dass in der Auseinandersetzung mit dem Werk Pinters, das eine aktive Beteiligung der BetrachterInnen geradezu herausfordert, plötzlich Überlegungen zur Interpassivität[10] auftauchen? Eine bedeutende Rolle spielt dabei die Funktion des Lustgewinns. Das Werk Pinters appelliert zwar an die Genussfähigkeit der BetrachterInnen, gleichzeitig entsteht aber die paradoxe Situation, dass durch ein ausgeklügeltes Spiel mit Betrachterpositionen die Konsumation des Werkes auf dieses zurück delegiert werden kann. Die BetrachterInnen bleiben sich nicht völlig selbst überlassen, vielmehr korrespondiert die Aktivität des Produzierens von Kunstgenuss mit der Passivität des Konsumierens.

Als künstlerisches Gegenmodell zum linearen Zeitbegriff der modernen Historiografie unterzieht Pinter den Ort einem Sezierungsprozess, um so das Modell der Kommunikation zwischen Kunstwerk, BetrachterInnen und Ort neu zu definieren.

1 Vgl. *Die heutige Handschrift des Künstlers.* Gespräch mit Klaus Pinter, Mai 1998, in: Klaus Pinter. *Tätowierte Götter,* Ausstellungskatalog zu einer Installation in der Abgusssammlung des Instituts für Klassische Archäologie, Universität Salzburg, Alte Residenz. Triton, Wien 1998, S. 32ff.

2 Vgl. *Der Raum unter der Haut.* Georg Schöllhammer im Gespräch mit Klaus Pinter, in: Wolfgang Mistelbauer/Klaus Pinter, *Arkadische Zeichen. Annäherungen zu Sport – Architektur – Kunst,* Löcker Verlag, Wien 1991, S. 38ff.

3 Laut Klaus-Albrecht Schröder schwingt in der Wahl der Materialien in Klaus Pinters Werk das Materialverständnis amerikanischer Bildhauer mit. Vgl. Klaus-Albrecht Schröder, *Die Re-Konstruktion des Elementaren. Notizen zu Klaus Pinter,* in: Ausstellungskatalog *Klaus Pinter – Neue Arbeiten 1984–85,* Palais Ferstel – Großer Börsensaal, Falter Verlag, Wien 1985, S. 45ff.

4 Es ist die Installation als die spezifische Variante von Heterotopien, die Michel Foucault in seinem Text untersucht. Vgl. Michel Foucault, *Andere Räume,* in: Marc Mer/Thomas Feuerstein/Klaus Strickner, *Translokation,* Triton, Wien 1994, S. 11–20.

5 Burghart Schmidt, *Tanz des Ornamentalen auf dekonstruktiver Müllkippe,* in: Ausstellungskatalog *eclectica triumphans. Klaus Pinter – Das Petersburg Projekt im Nikolaus-Palais,* Akademie der Wissenschaften Russlands, Navicula Artis, Petersburg 1995, o. S.

6 Hans Makarts monumentales Gemälde *Venedig huldigt Caterina Cornaro* war sein Beitrag zur Wiener Weltausstellung von 1873. Das Bild gehört nicht zur Originalausstattung der Hermesvilla, sondern wurde dem Historischen Museum der Stadt Wien von der Österreichischen Galerie als Dauerleihgabe zur Verfügung gestellt.

7 Für das Prinzip der Reihung, den ‹unendlichen Rapport› verwendete bereits Heinz Gappmayr in seiner Analyse der Werke Klaus Pinters die Bezeichnung ‹All-over-Struktur›. Vgl. Heinz Gappmayr, *Neue Aspekte des Ornamentalen. Plastiken von Klaus Pinter,* in: *Noema, Art Magazine,* Nr. 30, Mai/Juni 1990, S. 65.

8 Vgl. Maurice Merleau-Ponty, *Das Auge und der Geist,* in: *Das Auge und der Geist. Philosophische Essays,* Rowohlt, Reinbek bei Hamburg 1967, S. 24ff.

9 Vgl. Jean-François Lyotard, *Immaterialität und Postmoderne,* Merve, Berlin 1985.

10 Vgl. Robert Pfaller (Hrsg.), *Interpassivität. Studien über delegiertes Genießen,* Springer, Wien-New York 2000.

Seite 26–31
*Wiener Mischung II,* kleine Büstengruppe auf Eisenkörben mit Lichtreliefs, 6 × 3,5 × 3 m

51869
54894
102505

51852
71259

IN 165

**RENATA KASSAL-MIKULA**

# IM DEPOT

## *Porträtbüsten als Ausgangspunkt einer Ausstellung*

«Das Museum ist eine permanente Institution ohne gewinnbringende Ziele im Dienste und zur Entwicklung der Gesellschaft, der Öffentlichkeit zugänglich und mit der Erforschung, dem Erwerb, der Bewahrung und der Weitergabe der materiellen Zeugnisse des Menschen sowie ihrer Ausstellung für Zwecke des Studiums und der Erziehung beauftragt.» Diese Definition der Aufgaben von Museen nach ICOM (International Council Of Museums) gilt selbstverständlich auch für das Historische Museum der Stadt Wien.

Am 13. Mai 1887 fasste der Wiener Gemeinderat den Beschluss, bedeutende, auf Wiens Geschichte bezogene Kunst- und Kulturobjekte im Neuen Rathaus zu präsentieren. Dies war die Geburtsstunde des Historischen Museums, dessen Eröffnung 1888 erfolgte. Die Idee, ein stadtgeschichtliches Museum einzurichten, war schon einige Jahre älter. Nach der Gründung der Wiener Stadtbibliothek, die auch bildliche Darstellungen sammelte, folgte die Anlage einer Münz- und Medaillensammlung durch das Wiener Stadtarchiv. Das der Stadt Wien gehörige ‹Bürgerliche Zeughaus› wurde 1873 anlässlich der Wiener Weltausstellung als Waffenmuseum öffentlich zugänglich gemacht. Eine im gleichen Jahr mit großem Erfolg veranstaltete ‹Historische Ausstellung› ermutigte ebenfalls die Gemeinde, ein Stadtmuseum einzurichten. Aus dieser Ausstellung wurde ein Wien-Modell erworben. Ein weiteres ‹Gründungsobjekt› war das 1878 der Stadt Wien gewidmete ‹Grillparzerzimmer›. Im Jahr darauf, 1879, veranstaltete der Gemeinderat den Festzug zur silbernen Hochzeit von Kaiser Franz Joseph I. und Kaiserin Elisabeth. Die auf Kosten der Stadt Wien gefertigten Gegenstände und Kostüme nach den Entwürfen von Hans Makart wurden im Waffenmuseum aufbewahrt. Letztendlich beschloss der Gemeinderat 1883, zur Vermehrung der städtischen Sammlung einen Kredit von jährlich 5 000 Gulden zur Verfügung zu stellen.

Dieser kurze Abriss der Genese des Historischen Museums der Stadt Wien zeigt bereits, dass der Museumsbestand ad hoc eine unterschiedliche Objektqualität besaß. Ob Meisterwerke oder Alltagsgegenstände, das Sammlungskriterium war und ist einzig der Bezug auf Wien. Möglichst viele Porträts von Personen, die für Wien Bedeutung erlangten, im Bestand zu haben, zählt seit der Gründung des Museums zu seinen Hauptaufgaben. Porträts in Grafik und Malerei sind von der Zahl her den plastischen Darstellungen weit überlegen. Unter diesen stellen die in Gips gearbeiteten Porträtbüsten eine bedeutende Gruppe dar.

Gips (gr. *gypsos*), ein Überrest des urzeitlichen Meeres, ergibt eine leicht zu bearbeitende Masse und ist in kristalliner Form als Alabaster und Marmor bekannt. Durch sein verbreitetes Vorkommen und seine vielseitige Einsatzmöglichkeit ist er eines der ältesten Materialien, dessen plastifizierbare Eigenschaften sich die Kunst als Werkstoff zu Nutze machte. Die frühesten in Gips abgegossenen Porträts entstanden in Griechenland.

Die Büste (it. *busto,* ‹Brustbild›) fügt dem Kopf einen Teil der Brust oder auch den ganzen Oberkörper hinzu und ruht auf einer Basis, was bei der verwandten Herme entfällt. Die Römer verwendeten durchwegs Büsten. Jede Kunstepoche interpretierte das Thema Büste auf ihre Weise. Die Stile bewegten sich zwischen dem klassischen Erbe und antiklassischer Haltung.

Beim Porträt gilt es, das Individuum in seiner physiognomischen Einmaligkeit darzustellen. Zum realen Modell in seinen verschiedenen Lebensphasen kommt als weiteres Grundelement das Bestreben des Künstlers, auch den Charakter seines Gegenübers einzuarbeiten, um vom Äußeren eines Menschen auf dessen Inneres schließen zu können. Das Spannende bei der Behandlung der Büsten ist, ob die Künstler von idealen Vorstellungen geprägt waren oder ob es ihnen um die realistische Darstellung ging. Die Variationsmöglichkeiten zwischen diesen Polen sind unendlich. Jede Kunstepoche hat sie auf andere Weise eingesetzt. Das ‹wahrhafte› Porträt ließ sich dennoch nie schaffen. Auch wenn der Künstler ein wirklichkeitsgetreues Abbild der existierenden Person anstrebt, das Ergebnis bleibt immer künstlerische Interpretation.

Den Charakter jeder Büste bestimmt im Besonderen die Wahl der Oberflächenbehandlung. Sie kann kühl und glatt sein, sie kann aber auch ‹flimmern›. Entstehungszeit und Temperament des Schöpfers spielen dabei eine bestimmende Rolle. Über Gesicht, Haartracht und Körperansatz entscheidet sich das optische Ergebnis für den Betrachter, da dem Bildhauer gegenüber einer Figur nur relativ wenige Gestaltungselemente zur Verfügung stehen. Ein weiterer Aspekt der Interpretation ist die sich ändernde Mode. Sie konnte nüchtern behandelt oder phantasiereich aufgefasst sein. So bauten jene Bildhauer des 19. Jahrhunderts, die sich an die Barockzeit anlehnten – Viktor Tilgner ist der Paradefall –, ihre Porträtbüsten zu inszenierten Ensembles aus. Damals erlebte die Plastik und daher auch die Porträtbüste Höhepunkte in der virtuosen Behandlung des Stofflichen und der Ausnützung von Licht- und Schatteneffekten. Um die berufliche Zuordnung der Person verständlich zu machen, wurden häufig Attribute hinzugefügt: dem Komponisten Notenblätter, dem Maler Pinsel und Palette, während Lorbeerblätter oder -kränze aber auch Ehrenzeichen öffentliche Anerkennung verdeutlichten. Als weiteres Gestaltungselement kommt der farbliche Aspekt hinzu. Gips ist weiß und so wurden die Oberflächen, meist um den hochwertigeren – und teureren – Metallguss zu imitieren, patiniert. In der Epoche von Hans Makart und unter Einflüssen aus Frankreich wurden Büsten sogar koloriert. Ein berühmtes Beispiel dafür ist Tilgners Porträt der Burgschauspielerin Charlotte Wolter. Im 19. Jahrhundert erlebte die Porträtbüste eine große Blüte, es darf als ‹porträtbesessen› bezeichnet werden. Heute ist sie ein fast ausgestorbenes Fossil. Und doch: Gilt es in moderner Zeit einer Person ein ‹Denkmal› zu setzen, wird noch immer auf diese Form der plastischen Würdigung zurückgegriffen, wobei sich die Moderne meist nur auf den Kopf konzentrierte. Der Zeitpunkt seiner

*Wiener Mischung III,* große Büsten mit Lichtreliefs, 4 × 4 × 4 m

Gründung im letzten Drittel des 19. Jahrhunderts ist der Grund dafür, dass im Historischen Museum der Stadt Wien fast ausschließlich Büsten von Vertretern des Bürgertums gesammelt wurden: Repräsentanten der Musik, der Literatur, des Theaters und der bildenden Kunst.

Porträtbüsten fanden ihren Weg aus den Bildhauerateliers nicht nur in Ausstellungen – ein Blick in die Ausstellungsräume des Künstlerhauses beispielsweise verrät ihre starke Präsenz –, Museen oder Privatbesitz, in der großen Bauzeit Wiens wurden sie zum unverzichtbaren Bestandteil der Ausstattung von Monumentalbauten an der Ringstraße. Am Beispiel des Burgtheaters oder auch des Volkstheaters, die mit Porträtbüsten berühmter Dichter dekoriert wurden, ist dies besonders auffällig. Auch die Parkanlagen oder der Arkadenhof der Universität sind Auftrittsorte vieler Porträtbüsten.

Anders als bei der Aufstellung im Freien, wo Stein (Marmor) oder Metall wegen ihrer Dauerhaftigkeit notwendig waren, beherrschte Gips als Material die Innenräume. So manche Büste erhielt dort durch die Art ihrer Aufstellung einen semi-sakralen Charakter. Fotos und andere Darstellungen von Privatwohnungen beweisen, dass die Aufstellungen von Porträtbüsten geradezu inszeniert wurden. Beliebt war in der Gründerzeit die Umkränzung mit Fächerpalmen. Auch bei Welt- oder Gedächtnisausstellungen waren solche Inszenierungen unverzichtbarer Teil der Gestaltung.

Während in der Gussplastik der Gips nur Hilfsmittel ist, stellen die gipsernen Porträtbüsten das endgültige Produkt dar. Dabei kann es sich um ein Original handeln oder aber um Kopien nach Originalen, wie sie zu Studienzwecken an den Kunstakademien hergestellt wurden. Auch Wiens Akademie der bildenden Künste besaß eine große, später stark reduzierte Gipssammlung. Da sie nur sehr unzulänglich untergebracht war, gab es zu Ende des 19. Jahrhunderts Bemühungen, ein eigenes ‹Gipsmuseum› zu errichten, die im Unterschied zu anderen Metropolen wie Kopenhagen, London oder Paris fehlschlugen. Die in gewohnter zeichnerischer Perfektion ausgearbeiteten Pläne Otto Wagners für das Gipsmuseum enthüllen den hohen Stellenwert solcher Kunstkopien. Bezeichnenderweise konnte man sich in Wien auch nie zum Erhalt eines Bildhauerateliers durchringen, während die Wirkungsstätten von Antonio Canova oder Auguste Rodin zu Museen umgewandelt wurden.

Die Kriterien, wonach ein Objekt ausgestellt oder nicht ausgestellt wird, verändern sich. Wandelnde Gesichtspunkte bedingen das stetige Überdenken, was die Schausammlung des Museums ihren Besuchern vermitteln will. Die wohl markantesten Prozesse waren das Umdenken in Bezug auf die Bedeutung des Wiener Jugendstils als Beitrag zum Welterbe und die etwas später einsetzende Neubewertung des Historismus. Auch die Bewertung der Monarchie hat im ‹roten› Stadtmuseum dazu geführt, die Person von Kaiser Franz Joseph I. nunmehr stärker präsent zu machen. Daraus folgt die Notwendigkeit, immer wieder auszutauschen und zu verändern. Um dies zu gewährleisten, bedarf es eines Fundus, auf den zurückgegriffen werden kann. Es ist ein fortwährender Prozess, richtig zu beurteilen, welche Objekte dem Museum zuwachsen sollen. Das Auswahlprinzip ist dabei anders als in einem Kunstmuseum. Das dort geltende Primat der künstlerischen Qualität gilt für ein Historisches Museum nur bedingt. Hier fügt sich die kulturhistorische Bedeutung als verbindlich hinzu.

Das Historische Museum ist seit seiner Gründung einmal umgezogen. Aus den Räumen im Zwischengeschoss und im ersten Stock des Rathauses übersiedelte es 1959 in den vom Architekten Oswald Haerdtl errichteten Neubau am Karlsplatz. Die nicht ausgestellten Objekte wurden in zahlreichen über Wien verstreuten Depots untergebracht. Inzwischen ist die Zahl der Objekte auf rund 1,5 Millionen angewachsen, wobei die Plastiksammlung einen wichtigen, zahlenmäßig jedoch untergeordneten Bestand bildet.

Die Büsten wurden hauptsächlich in einer aufgelassenen Schule in der Karajangasse im 20. Bezirk aufbewahrt. Sie und fast der gesamte, nicht im Museumsbau unterzubringende Bestand übersiedelte 1972 bis 1974 in ein Zentraldepot, wobei der Plastiksammlung ein eigenes Stockwerk zugeordnet wurde. Neben der Hauptgruppe von Porträtbüsten finden sich hier vor allem Denkmalentwürfe aus der Ringstraßenzeit und eine große Anzahl von Figuren für das Wiener Rathaus. Dieser Bestand erklärt sich durch die Stadt Wien als Auftraggeber. So gibt es ein ‹musée imaginaire›, eine zweite Sammlung. Das hier gültige Ordnungsprinzip ist nicht die Chronologie. Für die Unterbringung gelten andere Kriterien. Die primäre Unterscheidung der Büsten erfolgt nach dem bearbeiteten Material: Holz, Stein, Marmor, Terrakotta, Metall oder Gips. Innerhalb der jeweiligen Materialgruppe erfolgt die Aufstellung nach der Inventarnummer, die niedrigste am Beginn, die höchste am Ende. Die zugehörige Inventarnummer ist jeweils am Objekt selbst, meist unsichtbar an der Basis eingetragen. Für die rasche Identifizierung und Auffindung einer gesuchten Porträtbüste hängen mit Spagat befestigte Kartonstreifen mit gestempelter Nummer um ihren Hals. Diese Art der Bezeichnung wird in Klaus Pinters Ausstellung *Wiener Mischung* beibehalten und stellt einen seltsamen bis skurrilen Reiz für den Betrachter dar. Um Platz zu sparen und dennoch die Handhabung praktikabel zu machen, sind die Büsten in einem Holzgestell auf zwei Ebenen aufbewahrt. Das Risiko liegt in der Zerbrechlichkeit des Materials. Jede Manipulation birgt das Risiko der Beschädigung. Bei Bedarf geht es selten ohne Restaurierung ab, da sie meist schon bei den ursprünglichen Besitzern Schrammen abbekamen, ehe sie durch Widmung oder Ankauf in den Besitz des Museums gelangten.

Unsere – jedem Personenkult abhold scheinende – Epoche vernachlässigt das Medium Porträtbüste. Sie gilt kaum mehr als geeignetes Mittel, um Persönlichkeiten darzustellen. Die Idole der heutigen Gesellschaft präsentieren sich über andere Darstellungsmittel.

Noch ein weiterer Grund des ‹Schattendaseins› der Porträtplastik sei zur Diskussion gestellt: Für Wien gilt eine besondere Reihenfolge in der Beliebtheitsskala der Künste, an deren Spitze Musik und Theater stehen. Die Plastik dagegen hatte und hat in Österreich einen weit geringeren Stellenwert als beispielsweise in Frankreich. International herausragende Spitzenwerke wurden selten hervorgebracht.

Wenn Klaus Pinter im Depot über 200 Büsten für seine Installation vorfand, mag die Ursache eben diese Vernachlässigung sein: Die moderne Schausammlung verzichtet fast gänzlich auf Porträtbüsten. Nunmehr verfremdet präsentiert, in ihrer Identität aber doch vollständig intakt, sind die Büsten die gleichberechtigten ‹Stars› der Ausstellung *Wiener Mischung*.

Seite 38–49

*Amalgam I–III,* Köpfe auf Eisengestängen in Papierballen, 1,6 × 1 × 3,8 m

*Amalgam IV–VI,* Köpfe auf Eisengestängen vor Paravents in Papierballen, 3,3 × 1 × 3,8 m

2359

**HEINRICH BERGER UND GERHARD BOTZ**

# DIE ‹ZWEITE GESELLSCHAFT› DER BÜSTEN

## *Eine historisch-quantitative Studie*

Die Installationen Klaus Pinters in der Hermesvilla juxtaponieren über 200 Büsten, die er aus dem Depot des Historischen Museums der Stadt Wien ausgewählt hat, und zwingen sie in (s)eine eigene Matrix. Die lebensgroßen Porträtköpfe und -büsten sind in einem Geflecht von Draht-, Plastikband- und Leuchtschlauchkonstruktionen – gleichsam sozialen Beziehungen – verfangen und verfremdet, und diese neue Ordnung von 2000 kontrastiert mit Karl von Hasenauers Architektur und kommentiert diese. Man könnte meinen, Pinter hätte die Untoten der ‹guten Gesellschaft› Wiens aus jener Zeit, in der die meisten wesentlichen Monumentalbauten der Wiener Ringstraße fertig gestellt wurden, zu einem posthumen Treffen mit der unglücklichen Gemahlin Kaiser Franz Josephs in den Lainzer Tiergarten geholt. Er mag damit auf die zunehmende Abneigung der ‹Kaiserin Sisi›[1] dem Habsburgerhof und der hocharistokratischen ‹ersten Gesellschaft› gegenüber anspielen und die erst entstehende bürgerliche Gesellschaft, die die ‹bürgerliche Revolution› im Jahre 1848 versucht, jedoch nicht energisch genug weiter verfolgt und erfolgreich beendet hatte, mit den Mitteln der Kunst nachzuholen suchen.

Uns erscheint es nicht als Zufall, dass Pinter an einem Element der vielstimmigen Repräsentation und des schönen Scheins einer ‹guten alten Zeit›, das aus der Sphäre der Friedhöfe, des Heroen, des bereits zum Mythos seiner selbst gewordenen ‹großen Menschen› kommt, ansetzt: eben an der Porträtbüste. Denn sowohl das Moment der Vervielfachung und der seriellen Aufstellung ist gewissermaßen sozial- und kulturhistorisch in der Darstellungsform der Büste(n) angelegt als auch die Schalheit, die sich aus dem Nachruhm und aus dem vergeblichen Bemühen, dessen Verblassen zu verhindern, fast zwangsläufig ergibt. Büsten assoziieren nicht bloß Tod und Vergangen-Sein, sondern sie suggerieren auch, dass die dargestellte Person einer brutalen Reduktion unterworfen wurde. Nur einen Kopf mit Schulter(ansatz) und Brust darstellen bedeutet, selbst in der üppigsten und repräsentativsten Drappierung, auch eine Entleiblichung und Entsinnlichung des wirklichen, ganzen Menschen, gerade wenn damit eine Konzentration auf das sogenannte Geistige des/der Dargestellten erzielt werden soll. Meint doch die alte *Encyclopédie, ou dictionnaire raisonné des sciences, des arts et des métiers,* die spezifische Form der Büste ergebe sich daraus, dass an den Kopf normalerweise der Hals, ein Teil der Schultern und der Brust angefügt seien, «um den Betrachter vor dem Eindruck einer chirurgischen Amputation oder einer Exekution zu bewahren.»[2] Ein Zuviel an Gewalt hätte dem Charakter des Würdevollen widersprochen. Nur logisch, dass dieser ambivalente Charakter der Büste zu folgender kunstgeschichtlicher Eigenheit führt: Auf manchen Grab- und Denkmälern des späten 19. Jahrhunderts wird einerseits der zu feiernde (Künstler-, Wirtschafts-, Politik- etc.) Heros als Halbfigur (Büste), andererseits aber vor oder neben ihm eine trauernde Frau oder halbnackte Muse als Ganzfigur dargestellt, so im Bruckner-Denkmal im Stadtpark und im Friedhofsmonument Wolter mit Hermesbüste und trauernder Gattin, ähnlich auch bei einem (nicht ausgeführten) Entwurf für das Johann Strauss-Denkmal im Stadtpark. Liest man den Sinn einer solchen Darstellungsart genau, dann kann dies nur bedeuten, dass nicht der Lebende, auch wenn er bereits verstorben ist, zum Thema der Verehrung oder des Betrauerns (durch die Gestalten gegenwärtiger Menschen) gemacht wird, sondern der Nachruhm des Helden, ein Vergangenes, ein Mythos. Die Büste derealisiert, die Ganzfigur sucht eine falsche Wirklichkeit vorzutäuschen. Die Büsten-Setzenden setzen eigentlich einem schon Erinnerung-Gewordenen ein Denkmal, das heißt, sie sind eine Form der Perpetuierung von (kollektivem) Gedächtnis und (wieder)erschaffen damit Identität.

Ein beträchtliches Maß an (Selbst-)Disziplinierung und Triebverzicht war im 19. Jahrhundert der Preis, den jene heterogenen Gruppen und Schichten, die sich anschickten, sich im Gefolge der industriellen Revolution als ‹Klasse› von oben (Hocharistokratie) wie von unten (Proletariat, städtische und ländliche Unterschichten) symbolisch abzugrenzen und als ‹Bürgertum› selbst zu erschaffen. «‹Bürgerlichkeit› wurde zu dieser Zeit als Lebensstil und kultureller Habitus, als Inbegriff einer Oppositionshaltung gegenüber den Eliten des Ancien Régime und als Vorbild für ‹das Volk›, besonders für ‹die unteren Schichten›, zu der Metapher schlechthin.»[3] Die ‹bürgerlichen Tugenden› Ordnungsliebe, Fleiß und Sparsamkeit, Mäßigkeit und Vernünftigkeit, gute Umgangsformen, Bildung, Vertrautheit mit den Künsten und Wissenschaften wurden zum Kitt, der das ständig (auch in Österreich) anwachsende «Konglomerat von überaus reichen Bankiers, wohlhabenden Geschäftsleuten, hohen Beamten, führenden Militärs sowie namhaften Künstlern, Gelehrten und Angehörigen freier Berufe»[4], die ‹zweite Gesellschaft›, zusammenhalten sollte. Seit der Romantik und dem ‹nationalen Erwachen› der ‹Völker›, vor allem in der 2. Hälfte des 19. Jahrhunderts, entstand allenthalben ein veritabler Denkmalskult, basierend auf einer ‹Geniereligion›[5]. Dieser «Denkmalindustrie und dem ganzen Komiteebetrieb» war es eigen, «mehr sich selbst als den zu Feiernden im Auge» zu haben.[6] Wie schon Ludwig Anzengruber anlässlich einer der überbordenden Schillerfeiern betonte, «sind es die Bildnisse der Helden und Märtyrer, die für den Geist gestritten und gelitten haben, welche wir als *unsere* Heiligen an den Strassen und Wegen aufstellen – nicht ihnen zur Ehr', die keiner irdischen Schätzung mehr bedürfen, sondern uns zur Erhebung und Mahnung [...].»[7]

Gerade in seinen Denkmälern, seinen ‹Geistesheroen› und seiner Hochkultur schuf sich das ‹Bürgertum›, meist als ‹Nation›, selbst. Nach den Jahren des Neoabsolutismus und der Versuche einer dynastisch-militaristischen Restauration, die noch in Bauwerken und Herrscher-Denkmälern der frühen Ringstraßenzeit ihren Niederschlag hinterließ, «fand es das durch die Industrialisierung reich gewordene Großbürgertum [mit seiner bildungsbürgerlichen Gefolgschaft] an der Zeit, nun seinerseits zu deklarieren, wen es für würdig hielt, auf einen Sockel» zu stellen: «nicht Monarchen und Feldherren, sondern jene erlauchten Geister aus dem eigenen bürgerlichen Stande, auf denen nach seiner Interpretation Glanz und Fortschritt der Monarchien beruht: Künstler, Gelehrte, Techniker usw. Nicht mehr das militärische Verdienst zu verewigen galt es, sondern das bürgerliche Verdienst, die Gedanken großer Erfinder, welche Erlöser für die arbeitende Menschheit waren.»[8]

Doch seit den 1870er Jahren waren die Möglichkeiten zur Verwirklichung des ‹Denkmalskults› in Wien begrenzter als noch ein, zwei Jahrzehnte früher: Das wirtschaftliche Wachstum war seit dem großen ‹Krach› von 1873 gebrochen, der Kaiserstaat militärisch mehrfach besiegt, territorial beschnitten und aus dem Deutschen Reich ausgeschlossen. Der Großteil der monumentalen Gebäude der Ringstraße wurde gerade vollendet, für Bildhauer und Maler gab es zwar noch eine Vielzahl von dekorativen Aufträgen, doch die großen Denkmalsprojekte waren vergeben, die wichtigsten Plätze durch Standbilder verstellt, all die Bronze- und Steinmänner in Wien wie in ganz Europa schon fast zu Verkehrshindernissen geworden, wie Julius von Schlosser noch 1929 meinte.[9] In Wien fehlten für die Bildhauergeneration etwa eines Victor Tilgner[10] «für die Ausarbeitung von Großplastiken die Voraussetzungen, daher also auch der Anreiz, Bronzegüsse oder Marmorwerke zu planen, weil selbst für umfangreiche Gipsentwürfe keine Käufer zu finden waren.»[11]

So verlegten sich Tilgner und seine hauptsächlich in den 1840er Jahren geborenen Kollegen[12] vor allem auf Porträtbüsten, die sich aus Gips und weniger kostbaren Materialien herstellen ließen. Daher begann auch mit der Zeit der Fertigstellung der Hermesvilla insbesondere in den Prunkgebäuden der Innenstadt eine Epoche der Metall- oder Marmorbüsten, die vornehmlich in den Foyers, Gängen und Repräsentationsräumen der Oper, des Burgtheaters, des Rathauses, vor der Technischen Hochschule, im Stadtpark und im Arkadenhof der Universität einzeln oder in Serie aufgestellt wurden. Vereinte im Laufe der nächsten Jahrzehnte die universitäre ‹Ruhmeshalle› alles, was wissenschaftlich zu Rang und Namen gekommen war[13], so reihten sich Techniker und Erfinder vor der Fassade der heutigen Technischen Universität, während Komponisten, Musiker, Kommunalpolitiker, Dichter und Schauspieler an den sonstigen öffentlichen Orten und in den großen Häusern der Hochkultur ihre Aufstellung fanden; sie machten das bürgerliche Wien-Bewusstsein zu dem einer ‹Künstlerstadt›. Zwar hätte es das öffentliche Denkmal des ‹bürgerlichen Jahrhunderts› erfordert, die «ganze Gestalt des Helden» zu bringen, wie der Kunsthistoriker Schlosser meinte, doch war diese Denkmalsform bereits finanziell schwer realisierbar und in Österreich immer noch eher den dynastischen Monumenten und den ganz großen ‹Göttern› der ‹bürgerlichen Kultur› vorbehalten. Auch bestand ein wohl deutlich empfundener Gegensatz solcher Denkmäler zu den liberalen und demokratischen Ansprüchen des aufstrebenden ‹Bürgertums›, das sich zwar elitär, aber eben doch als eine Vielzahl begreifen musste. Überdies waren Dichter und Denker Produkte der Einsamkeit und die Aufstellung ihrer Standbilder in der Öffentlichkeit hätte leicht zu einem

An-den-Pranger-gestellt-Werden verkommen können. Bei Büsten und ihrer intimeren Ausstellungsweise stellte sich diese Problem weniger krass, auch nicht die in der nachhistoristischen Zeit zur ‹Hosen- und Mantelfrage› werdende Verlegenheit, auf welches antike oder sonstig historische Kostüm ein Heroenkopf postiert werden sollte[14].

Daneben kam auch die meist nur lebensgroße Porträtplastik dem gestiegenen Bedürfnis des ‹Bürgertums› nach Gedenken im privaten, räumlich kleineren Rahmen entgegen, sodass auch ein neuer Markt für Bildnisbüsten in Gips, Terrakotta oder Metall entstand, der früher oder später museale Bestände speisen konnte. Auch viele der Entwürfe und Modelle der in ‹edlerem› Material ausgeführten Köpfe und Büsten gelangten, meist aus Künstlernachlässen, in den öffentlichen Besitz. Allerdings blieb an der Büste, bei all ihrem Pathos, etwas von Zweitrangigkeit im Vergleich mit dem Standbild, dem sitzenden Fürsten (auch ‹Geistesfürsten›) haften. Das zeigte sich schon, als dem verdienten liberalen Bürgermeister Andreas Zelinka nur eine Büste im Stadtpark aufgestellt werden konnte, weil das durch eine Spendensammlung aufgebrachte Geld für mehr nicht ausgereicht hätte, und ihm posthumer Spott zuteil wurde[15]. Bezeichnend ist auch ein Argument, mit dem die ‹einstige Braut› Georg Cochs dafür kämpfte, dass dem verstorbenen Gründer der Postsparkasse ein großes Denkmal gewidmet werde. «Jeder nur einigermaßen verdienstvolle Professor erhielt in der Aula der Universität seinen Denkstein»[16], Coch jedoch verdiene mehr als eine Büste.

Es ist bemerkenswert, dass in diese Zeit des beginnenden Büsten-Booms auch die Gründung des Historischen Museums der Stadt Wien (1887) fällt. So konnte dieses gerade rechtzeitig beginnen, eher zufällig denn systematisch (und nur unzulänglich nachvollziehbar) im Verlauf von etwa 100 Jahren einen Bestand von insgesamt mehr als 600 Büsten anzusammeln. Wie eine erste Computeranalyse ergab, wurden jeweils rund ein Fünftel bis ein Viertel der Büstenbestände des Historischen Museums in den vier von uns unterschiedenen Perioden, und zwar 24% vor 1919, 20% in der Ersten Republik, 27% in der NS-Zeit und 29% in der Nachkriegszeit erworben.[17] Die Büste blieb also bis lange in die 1980er Jahre ein beachtetes Sammelobjekt des Historischen Museums, allerdings weniger ein systematisches Ankaufsobjekt. Die Zuwächse ergaben sich nach 1900 allerdings vor allem durch den Anfall von Künstler- und sonstigen Nachlässen und zum Teil auch durch symbolische Denkmalsstürze, die in Wien manchmal dazu führten, dass mit einem ‹Regimewechsel› die Büsten der deutlichsten Repräsentanten des vorigen ‹Systems› einfach ins Depot geräumt wurden. Bedenkt man allerdings die unterschiedliche Dauer der Zeitperioden, so fällt auf, dass der Nationalsozialismus wie das ausgehende 19. und frühe 20. Jahrhundert eine ausgeprägte Vorliebe für Büsten, und wie wir sehen werden, für bestimmte Regime-Künstler hatte. Heldenverehrung und nationalen Denkmalskult hatte das zerfallende ‹Bürgertum› an den deutschen Faschismus vererbt. Franz Grillparzer hatte seine Konjunktur vor 1919 und bis 1937, Georg Ritter von Schönerer und Josef Weinheber während des Dritten Reichs, Beethoven und Karl Lueger waren eine Art Dauerbrenner, wenngleich ihr Schwerpunkt noch in der Monarchie lag. Unter den Künstlern der erworbenen Büsten überragt Tilgner (mit insgesamt 82 Stück) bei weitem alle, selbst in der NS-Zeit wurde er für würdig befunden, ins Depot genommen zu werden. Während in der Ersten Republik praktisch keine Schwerpunkte bei den Plastikern der erworbenen Büsten erkennbar sind, hat die Zweite Republik einige Künstler in dem hier analysierten Büstenbestand (!) deutlich bevorzugt, wie Karl Gelles, Willy Kauer und Carl Philipp. Als ausgesprochene NS-Staatskünstler stellen sich nach unserem Material etwa Josef Bock, Wilhelm Frass, Wagner von der Mühl und Heinrich Zita dar, während es etwa Gustinus Ambrosi, Joseph Humplik und Johannes Benk schafften, auch nach 1945 Büsten ins Depot zu bringen. Frauen waren unter den Gestaltenden eine extreme Ausnahme, unter den Dargestellten erreichten sie insgesamt immerhin 18%.

Da vor allem auch ‹rückwärts› gesammelt und im Depot gespeichert wurde, stammt die heutige Gesamtheit der Büsten im Depot des Historischen Museums, wie Tabelle 1 zeigt, überwiegend aus den beiden Jahrzehnten vor bzw. nach 1900 (70%). Der Erste Weltkrieg und die wiederum nur halbe ‹Österreichische Revolution› hatten die materiellen und mentalen Grundlagen des ‹Bürgertums› schwer erschüttert, sodass Büsten in der zwanzigjährigen Periode nach 1918 als ‹bürgerliche› Denkmalsform ihr Monopol verloren und auch von der Sozialdemokratie übernommen wurden; während diese damals den Politikerstandbildern eher ablehnend gegenüberstand, feierte sie die drei Republikgründer auf dem 1928 errichteten Republikdenkmal in der Form von Büsten, die während der autoritären Diktatur auch für die Dollfuss-Verehrung als adäquat erschienen und schließlich von den Hitler-Köpfen des ‹Tausendjährigen Reiches› abgelöst wurden. Langfristig gesehen lief die Büstenproduktion, wie sie sich im analysierten Depotbestand widerspiegelt, nach 1918 allmählich aus, stieg allerdings während der NS-Periode, entsprechend dem erhöhten Sammelinteresse vorübergehend an. Die letzte inventarisierte Büste stammt von 1991.

*Tabelle 1: Produktionsperioden der Büsten und Pinters Auswahl*

| **Produktionsperiode** | **Pinters Auswahl** | **% von Pinters Auswahl** | **Depotbestand*** | **% von Depotbestand** |
|---|---|---|---|---|
| vor 1920 | 56 | 60,2% | 160 | 70,2% |
| 1920-37 | 12 | 12,9% | 25 | 11,0% |
| 1938-45 | 17 | 18,3% | 29 | 12,7% |
| nach 1945 | 8 | 8,6% | 14 | 6,1% |
| Gesamt | 93 | 100,0% | 228 | 100,0% |

* Bei ‹Depotbestand› handelt es sich um jene Büsten, über die Angaben zur Produktionsperiode vorliegen.

Eine historisch-statistische Analyse der Berufsgruppen der Dargestellten (siehe Tabelle 2) ergibt, trotz der Überlagerung durch die späteren Zeiträume und anderer Kautelen, ein klares Abbild des ‹bürgerlichen› Büstenkults der Jahrzehnte vor dem Ersten Weltkrieg. Typisch für die oben geschilderte Situation der Kultur des Wiener ‹Bürgertums› ist die weitgehende Unterrepräsentiertheit der Wissenschaft und des Kapitals. Beide genossen im Österreich der späten Habsburgermonarchie keine besondere Wertschätzung, eine Eigenheit, die bis heute geblieben ist. Umso mehr zählten in der Selbst-Repräsentation des ‹Bildungsbürgers› Schauspieler, Theaterdirektoren und andere Theaterberufe (22%), Maler, Bildhauer und Architekten (zusammen 19%), Schriftsteller, Dichter und Journalisten (16%) und Sänger, Dirigenten und andere Musiker (12%). Insgesamt okkupierten also die Künste fast 70% der Büsten, ein Charakteristikum, das schließlich in die österreichische nationale Identität einging.[18] Während Beamte offensichtlich, ganz gegen ihre hohe gesellschaftliche Bedeutung, als nicht büstenwürdig galten, die hohen Militärs nach 1918 jede Bedeutung verloren und in der Kategorie Staatsoberhaupt der gehörige Wandel mit dem Wechsel der Regierungsformen stattfand, jedoch nie ein besonderes Sammelinteresse erweckt hat, dominierten in der städtischen Sammlung naturgemäß die Bürgermeister aller Regimeperioden; Politiker, auch Minister und Parteiführer, die in der Monarchie im Schatten der traditionalen Machtträger gestanden waren, gewannen in der Ersten und Zweiten Republik erwartungsgemäß an Bedeutung.

*Tabelle 2: Berufsgruppen der Dargestellten und Pinters Auswahl*

| **Berufsgruppen** | **Pinters Auswahl** | **% von Pinters Auswahl** | **Depotbestand*** | **% von Depotbestand** |
|---|---|---|---|---|
| WissenschafterIn | 8 | 4,2% | 43 | 8,1% |
| ArchitektIn | 8 | 4,2% | 27 | 5,1% |
| bildende KünstlerIn | 18 | 9,5% | 73 | 13,8% |
| SchriftstellerIn | 40 | 21,1% | 86 | 16,3% |
| Theaterberufe | 62 | 32,5% | 114 | 21,6% |
| MusikerIn | 20 | 10,5% | 63 | 12,0% |
| Geschäftsleute | 7 | 3,7% | 23 | 4,4% |
| öffentlicher Dienst | 3 | 1,6% | 9 | 1,7% |
| PolitikerIn | 15 | 7,9% | 45 | 8,5% |
| Staatsoberhaupt | 2 | 1,1% | 16 | 3,0% |
| Bürgermeister | 3 | 1,6% | 19 | 3,6% |
| Militär | 4 | 2,1% | 10 | 1,9% |
| Gesamt | 190 | 100,0% | 528 | 100,0% |

* Bei ‹Depotbestand› handelt es sich um jene Büsten, über die Angaben zum Beruf der Dargestellten vorliegen.

Die statistische Analyse hat den Vorteil, dass sie auch nicht bewusste Auswahlkriterien Pinters offenlegen kann. Wie man schon den Tabellen 1 und 2 entnehmen kann, hat sich Pinter überraschend klar an die Entstehungszeiträume der Büsten des Depots gehalten, mit einer Unterrepräsentation der Monarchie bzw. einer leichten Überrepräsentation der späteren Phasen. Auch hat er das weibliche Geschlecht (mit 23% gegen 18%) leicht bevorzugt, größenmäßig hat er sich – ganz bewusst – weitgehend auf Büsten im Ausmaß von 30 bis 50 cm beschränkt, das Material der von ihm ausgewählten Büsten entspricht etwa dem der Grundgesamtheit im Depot. Doch ganz klar ist seine ausgeprägte Vorliebe für SchauspierInnen und SchriftstellerInnen und seine Zurückhaltung gegenüber Staatsoberhäuptern und Bürgermeistern und auch gegenüber bildenden KünstlerInnen und WissenschafterInnen. (Pinters nächste Künstlerbiografie möge diesen Befund interpretieren.)

Porträtbüsten sind heute schal geworden, sie haben ihre magische Kraft verloren. Konnte es Pinter und können es die Besucher seiner Installationen deshalb wagen, in ihre Reihen und Kohorten einzudringen und ihnen ein provokantes, neues Leben einzugeben?

1 Brigitte Hamann, *Elisabeth – Kaiserin wider Willen,* Wien-München 1982.

2 Nachdruck, Stuttgart 1966, S. 469.

3 Ulrike Döcker, *Bürgerlichkeit und Kultur – Bürgerlichkeit als Kultur,* in: Ernst Bruckmüller u. a. (Hrsg.), *Bürgertum in der Habsburgermonarchie,* Wien 1990, S. 96.

4 Franz Baltzarek/Alfred Hoffmann/Hannes Stekel, *Wirtschaft und Gesellschaft der Wiener Stadterweiterung,* Wiesbaden 1975, S. 281.

5 Edgar Zilsel, *Die Geniereligion – ein kritischer Versuch über das moderne Persönlichkeitsideal, mit einer historischen Begründung,* Frankfurt/M. 1990.

6 Julius v. Schlosser, *Vom modernen Denkmalkultus,* Sonderdruck aus: *Vorträge der Bibliothek Warburg VI* (1929), S. 17.

7 Zit. nach Gerhard Kapner, *Ringstrassendenkmäler. Zur Geschichte der Ringstrassendenkmäler,* Wiesbaden 1973, S. 130.

8 Ebd. S. 7.

9 Schlosser, S. 2.

10 Ludwig Hevesi, *Victor Tilgners ausgewählte Werke,* Zürich 1898, S. 1.

11 Margarete Poch-Kalous, *Wiener Plastik im 19. Jahrhundert,* in: *Geschichte der bildenden Kunst in Wien. Plastik in Wien,* Wien 1970, S. 226.

12 Walter Krause, *Die Plastik der Wiener Ringstrasse. Von der Spätromantik bis zur Wende um 1900,* Wiesbaden 1980, S. 108f.

13 *Ruhmeshalle der Wiener Universität. Geschichte der Wiener Universität* von Richard Meister, hrsg. im Einvernehmen mit dem Akademischen Senat der Universität in Wien ... von Oskar Hinterberger, Donauwörth 1934.

14 Schlosser, S. 18.

15 Freundliche Mitteilung von Prof. W. Krause, Institut für Kunstgeschichte der Universität Wien, dem wir hiermit auch für weitere wertvolle Hinweise danken.

16 Zit. nach Kapner, S. 60.

17 Für die sorgfältige Erhebung und Bearbeitung der zu Grunde liegenden Daten danken wir den wissenschaftlichen Mitarbeiterinnen Julia Schneeberger und Julia Zangerl.

18 Ernst Bruckmüller, *Nation Österreich. Kulturelles Bewußtsein und gesellschaftlich-politische Prozesse,* 2. Aufl., Wien 1996, S. 120ff.

Seite 58–61

*Venedig huldigt Caterina Cornaro* hinter *Ensemble Oriental II,* 10,5 × 5 × 0,3 m

**MARC RIES**

# ENTINDIVIDUIERUNG UND ALIENATION

## *Überlegung zu einer Installation von Klaus Pinter*

Klaus Pinter ist ein unruhiger Künstler. Er lässt die Welt nicht in Ruhe. Vor allem lässt er die Welt der Artefakte nicht zur Ruhe kommen. Die Installationen der *Wiener Mischung* kennen, was ein tragendes Prinzip vieler seiner Interventionen zu sein scheint, keinen Ausgangspunkt. Die Betrachtung ist schnell überfordert, da sie sich stets inmitten eines omnipotenten Eingriffs befindet. Das im historischen Raum der Hermesvilla arrangierte Ensemble als ein Gemenge aus Geschichte und Vision verstört die Erwartung des Betrachters und verlangt eine Umkehr eingespielten Verhaltens gegenüber der Kunst.

Zunächst sind es die Gesichter, die plastischen Porträts der Büsten, die ins Blickfeld fallen. Auch wenn die Unterbauten und das in alle Richtungen strebende metallische, bunte Getöse der Aufbauten blickeinnehmend und raumgreifend sind, gilt der erste Blick dem Gesicht, dem individuierten Ausdruck aus Gips oder Bronze.

Diese Büsten umweht ein von Beginn an in sie eingeschriebener Verlust. Dass am Ende des 19. und am Beginn des 20. Jahrhunderts dreidimensionale Abbildungen von bedeutsamen Männern (und fallweise auch Frauen) angefertigt wurden, kann wohl nur als eine Art Trotzreaktion verstanden werden, vermeintlich wertvolles geistiges Kulturerbe gegen die ‹doketische›, massenpopuläre Kulturtechnik der Fotografie zu schützen; das Bild nicht als eines unter vielen untergehen zu lassen, sondern es im Material selbst als ein Ewiges, Gleichbleibendes aufzubewahren. Dennoch schlug der Plan fehl. All diese schwerelastigen Porträts verfolgt das Stigma banaler, opaker Oberfläche. In dem Zwang, der Kopie das soziale oder geistige Besondere wirklichkeitsgetreu ins Gesicht einzuschreiben und damit das Individuierende des Gesichts mit der sozio-kulturellen Rolle der Person in überhistorischen Einklang zu bringen, entschleiert sich der künstlerische Akt bzw. sein Produkt als ästhetische Bagatelle, der die gleiche Unaufmerksamkeit zuteil wird wie allen anderen Modernitätsverlierern auch. Die Büsten wirken unentschlossen, bei jedem weiteren Hinsehen verlieren sie an Überzeugungkraft. Im Gegensatz zur komplexen Rhetorik antiker Statuen wiederholen diese Köpfe stets die gleiche Formel, wonach das Besondere des Mannes (und fallweise der Frau) sich als physiologisch gehaltvoller Ausdruck konservieren lasse, um ihm dadurch Respekt und Anerkennung auf ewige Zeiten zukommen zu lassen. Doch die sozialen Codes dieser Unterwerfung unter das Einmalige sind längst abhanden gekommen. Die Moderne entweiht den Kult ästhetischer Abbitte, des Spektakels bürgerlichen Humanismus zugunsten einer Konfrontation mit dem Jetzt des Submedialen[1].

An anderen Orten wird das Gesicht nun aufgehoben, diesmal jedoch nicht das verklärte Erinnerungsantlitz, sondern die mannigfaltigen Gesichter des Volkes und der

Darsteller und Darstellerinnen der alten und neuen Künste in der fotografischen und filmischen Großaufnahme. Die Aura wird vom Affekt abgelöst. Das Selbstbild bedarf nun keiner Legitimation durch gesellschaftlich anerkannte Leistungen mehr, es passiert einfach und lässt eine Gesellschaft erstarken, für die Reproduzierbarkeit wichtiger ist als Authentifizierung.

Doch fragen wir noch einmal nach dem Gehalt der Büsten im Kontext des Pinterschen Projektes. Das Einmalige menschlichen Ausdrucks wird vielleicht weniger durch die künstlerische Leistung am Erscheinungsbild betont, als durch den schlichten Verweis auf das Submediale, den Zeichenträger Gips, der aufgrund seiner konventionellen Bearbeitbarkeit dem inneren Wert des Modells im Prozess seiner Versteinerung umfassend zuspricht. Und hier setzt Klaus Pinter an. Der Kampf wird auf der Ebene des Materials, um nicht zu sagen der Materie ausgetragen. Die unterschiedlichen Härtegrade von Gips, Eisen, Draht und Plastikbändern sprechen für sich. Auf ihren ‹harten› Unterbauten wirken die Büsten wie Luftballons, die jederzeit emporgeschleudert oder in sich selbst zerbersten können.

Die Trägerkonstruktionen und Einbauten folgen einer bestimmten Rationalisierung in der Gestaltung, die zu Wiederholung und Vorhersagbarkeit tendiert. Es sind stets gleiche Teile, die vervielfältigt werden: die zylindrischen Formen aus Baustahlgitter und ihre konvulsivischen, drahtigen Innereien, die dreidimensionale Zeichnung mit ihrem ornamental-leuchtenden, zugleich unbändigbaren Gestus. Dennoch schlägt das Prinzip der Reproduktion an jener Stelle in ihr Gegenteil um, wo sich die Werkstücke seriell miteinander verbinden. Denn nicht auf das Einzelobjekt gründet sich das Interesse, sondern auf die spektakuläre Masse, auf eine Serie gleichartiger Werkstücke, die den besetzten Raum zur Gänze einnehmen, ihm die Luft nehmen und ihn zwingen, sich in Beziehung zum implementierten Material zu setzen. Und nun zeigt sich jene erstaunliche Bewegung, die die Faszination vieler vergleichbarer Interventionen von Klaus Pinter ausmacht: In der Masse wirken die Pinterschen Objekte opulent uneinheitlich, vielstimmig, ein raumeinnehmender Chor aus unzähmbaren Lautbildungen, während die Masse der Büsten, trotz ihrer verzweifelt auf das Besondere und Einmalige hinzielenden Darstellung, einander zu gleichen beginnen und einheitlich werden. Als ein Ganzes betrachtet, werden die Monumente – als geschlossene Formen – zu Gleichem, sie entindividuieren, während die Gestänge – als offene, transparente Formen – sich in ‹Anderes› verwandeln, in fremdartigen Individuen, die mit einer gewissen aggressiven Beredtheit von sich kundtun. Was erhalten oder als Geistig-Einmaliges konserviert werden sollte, wird pures Verfallszitat und dem alles sprengenden Diktat verwilderter, vergegenständlichter Vorstellungsformen unterworfen. Es ist, als ob das üblicherweise Unsichtbare, Submediale, sich unwillkürlich nach außen, ins Sichtbare setzt und in einem unerwarteten Akt der Überwältigung alles Gegebene unterwirft.

War die überliefert-abgestellte Kunst nur in der Versenkung, in der Auflösung zeitlicher, räumlicher und gegenständlicher Bestimmtheit einzusehen, so erwarten die vorangestellten Objektkonglomerationen von Klaus Pinter eine Rekonkretisierung, eine Reaktualisierung des Betrachters: Er soll der tatsächlichen Kraft ebenso entgegenkommen wie der Verspieltheit der Materialien, er soll sich der Wucht ihres Aufbruchs stellen, die Spitzen berühren und in die Gestänge hineingreifen. Die Betrachtung erhält Ereignischarakter. Selten ist ein Ereignis so lebensfroh ausgefallen.

1 Boris Groys hat in seinem letzten Buch – *Unter Verdacht. Eine Phänomenologie der Medien,* München-Wien 2000 – den submedialen Raum untersucht, der vom ‹Anderen› ebenso heimgesucht wird wie von ‹Gespenstern›: «Man muss einfach feststellen, dass der übliche Gebrauch des Wortes Medium zweideutig ist: Damit ist in der Regel sowohl die mediale Oberfläche als auch der sie tragende submediale Raum gemeint – wobei die Grenzen dieses Raumes ihrerseits vage bleiben, denn je nach ideologischer Überzeugung wird etwa das malerische Bild als von der Leinwand, von der Institution Kunst, von der bürgerlichen Gesellschaft, von göttlicher Inspiration, von künstlerischem Genie oder von bestimmten Elementarteilchen und gewissen Hirnzentren getragen dargestellt.» (S. 87 f) Für unsere Zwecke reicht der Hinweis auf die Zeichenträger, also die Materialien, die Klaus Pinter ins Spiel bringt und die als submedialer Raum sehr wohl Definitonsmacht über die Aussage des Werkes erhalten.

Seite 66–71
*Mengsel,* roter Paravent mit kleinen Büsten vor stehender Figur, 2,2 × 2,2 × 4 m

57507
102560

W.HAIDINGER.
1865.
31817

**IRENE NIERHAUS**

# SCHRIFTKOPF

## *Porträtsammlung und Raumschrift*

Am Rand von Wien, in der ehemaligen Villa einer ständig aus Wien fortfahrenden Kaiserin, werden Büsten, zumeist aus Gips und sonst im Depot lagernd, Künstler darstellend, meist ehemalige Burgschauspieler, gezeigt.

*Am Rand, ehemals, im Depot, Burgschauspieler* und *Fortfahren* sind Bausteine und Bilder eines Österreichbefunds nicht nur nach Thomas Bernhard. Klaus Pinter (selbst nicht in Österreich lebend) arbeitet in der *Wiener Mischung* mit dem Randlagigen des Ortes, der Objekte und ihrer Zeiten, verrückt Wahrnehmungen. Makarts Venedig zerfällt hinter einem Scherenschnitt. Die historischen Köpfe, zur Masse multipliziert, quellen im Raum, drücken den Betrachter einmal an die Wand, lassen ihm ein andermal museale Schaudistanz. In den privaten Räumen der Kaiserin bleibt der Körper des Betrachters in einem plexigläsernen Gang gefangen, nur der Blick gleitet durch Schlafzimmer und Turnzimmer, in dem die abreisende und zunehmend ihre Abbildung verweigerende Frau[1] auch ihre Körperlichkeit zum Schwinden bringen wollte. Dann die Wachsbüste des jugendlichen Kaisers, einer wächsernen Votivgabe oder Totenmaske eines Lebenden gleich, wie Dornröschen in Samt und Schrein. Durchsichtig und jung, wie zur Thronbesteigung am Ende der bürgerlichen Revolution. In einem Raum kommt die üppig ornamentierte Deckenausstattung mittels Spiegeln auf den Boden, wird auch zum Teppich. Und dann zieht sich über alles und überall Handschriftliches – gezeichnet auf Plexiglas oder verkörpert als Licht- oder Stahlschnur.

Mit solchen Inszenierungen erzeugt Klaus Pinter Wahrnehmungsvolumina, in denen sich Figuren, Zeichen und Schrift eines Historischen kreuzen, ohne dessen «zerbrechliche, glücklicherweise aber entzifferbare Spur»[2] sein zu wollen. Kein historisches Sinnganzes als Totalität wird illusioniert, keine Erzählung als «alles überwölbender Prozess»[3] geschrieben. Weder Büsten noch Porträtierte erzählen die erwartete Geschichte von Biografie, gesellschaftlicher Bedeutung oder den sozialen Räumen, die sie historisch hergestellt und bezeichnet haben. Die gekauften, geschenkten, gestifteten und durch Nachlässe aufgedrängten Büsten behalten in der Inszenierung das Depothafte. Nummeriert und mit Plastikbändern gesichert, vereinzeln sie sich nicht zum eigentlich beabsichtigten, ehrenhaften Gedächtnis, versammeln sich auch nicht zum imaginären Ganzen, dem sie verpflichtet sind, nämlich die kulturelle Dichte der Stadt und des Staates nachzuweisen. In dieser De-Kontextualisierung werden die Köpfe zum Materialfund, mit dem Widersprüchliches, Kontingentes kombiniert und assoziative Montage statt linearer Erzählung gesetzt wird. Historistisches Interieur, Ornamentik, Kalligrafie, Schrift, Porträtbüsten, Ahnengalerie, Gips, trashige Plastiklichtschnüre, rostige Baustahlgitter, Sockelräume, Lichtwerbung und Hermesflügel sind in ihren konventionellen Kontexten klar definierte Zeichen und narrative Strukturen. Durch De-Kontextualisierung und verrückte Re-Montierung bilden sie eine transgressive Situation von Lektüren der Absenz und Sichtbarkeit.

Grundzüge der Arbeitsweise von Klaus Pinter finden sich in verschiedenen Verfahren der Kunst der Sechziger Jahre, so in der kinetisch verstandenen Konstruktion von Raum und Zeit, Licht, Serialität und Prozesshaftigkeit; in der konzeptuellen und lettristischen Visualisierung von Schrift und Grafik und ihren transparenten Schichtungen; in der minimalistischen Betonung der Dinghaftigkeit von Material oder im neo-dadaistischen Anliegen, mit alltäglich Vorhandenem – Gips, Baugitter, Lichtschnur, Steckdosen – und seinen Wahrnehmungsverschiebungen Publikum und Reflexion zu aktivieren.

Die Mise-en-scène der *Wiener Mischung* verweigert die erwartete Story, was aber nicht bedeutet, dass keine narrativen Strukturen und somit sozialer Sinn erzeugt werden. Dialogische Angebote liegen genügend vor. So das allgegenwärtig Kalligrafische. Flach geschrieben auf Plexiglasscheiben, räumlich geschichtet, immateriell als Lichtlinien zwischen Köpfen schwebend, als plastischer Schriftkörper im Sockelgerät oder im Schmiedeeisen wird es zur überschreibenden Raumschrift. Diese Über-Schrift zeigt auf das Ornament und von dort zur historistischen Ausstattung, zum Detail von Rahmenwerk und Parapet. Das Kalligrafische ist auch orientalisches Schriftzeichen oder verweist im farbigen Spiel der Lichtlinien auf orientalische und asiatische Dekorationsweisen von Bauten und Gebrauchsgegenständen. Es ist auch die Konstruktionslinie der glitzernden und leuchtenden Illusionswelt der Luna- und Vergnügungsparks.

Solche Korrespondenzen zum Ort der Installation, dem historistischen Innenraum sind nicht bloß reine Formsache. Denn im historistischen Interieur vollzieht sich anhand von Texturen, Farben, Licht, Gerüchen, Ornament, Figurationen und historischen Versatzstücken eine Vervielfältigung der Sinneseindrücke und ein Versinnlichungsprozess der Objekte, der ein narrativ besetztes All-Over bildet, einen Cyber-Space bürgerlicher Privatheit mit all seiner – orientalisierenden – Interieurphantastik. Klaus Pinter nimmt in Ornamentik, Figuren, Illusionstechnik und Orientalismen Bezug auf den Ort, so dialogisiert auch sein Licht- und Farbenspiel mit der Farbigkeit historistischer Architekturen. Und das Vervielfältigen in Gips ist sowohl Prinzip der Serienfertigung historistischer Architekturdetails als auch der gestauten Büsten, die zwar in der Identität der Porträtierten variieren, aber in ihrer sozialen Funktion dennoch als Masse in die kulturelle Oberfläche des Staates eingehen. Gips ist zudem das Material der Reproduktionsverfahren in der Plastik und damit der Abgüsse antikischer, klassischer Plastiken, die als Vorbildersammlung für die akademische Kunstausbildung bis ins 20. Jahrhundert hinein Grundlage waren. In diesem Zusammenhang wurde Gips auch zum Synonym für veraltete Kunstlehre. So feierte die Wiener Akademie der bildenden Künste 1933 die Befreiung vom «verstaubten Gips»[4], als das ursprünglich zu Lehrzwecken eingerichtete Gipsmuseum geräumt bzw. im Hof zertrümmert wurde.

Das Erzählen, das zwischen der Erfahrung der Welt und dem Versuch, diese sprachlich und bildlich zu beschreiben, entsteht, lenkt Klaus Pinter vom Erwarteten weg in ein potenzielles Assoziationsfeld und rückt es damit an Betrachter und Wahrnehmende. Geschichte und Narration der Bilder, Büsten, Kalligrafien und Räume werden als referenzielles Netz und Wechselverhältnis zwischen Diskursivem und Materialem geordnet, dessen potenzielle Beziehungen, Zusammenhänge und Kontexte von Betrachtern und Katalogschreibern (als institutionalisierten Betrachtern) etabliert werden können. An den Betrachtern liegt es, Assoziationen, Korrespondenzen im Sinn imaginär geordneter Verbindungen zwischen Geschichte und Gegenwart aufzunehmen und damit auch Geschichte als «nicht die homogene und leere Zeit, sondern die von Jetztzeit erfüllte»[5] zu verstehen. Zeit wird nicht als lineare Chronologie in Szene gesetzt, sondern als Verlauf und Stillstand: Im Licht der Schnüre, im Rost der Gitter, im Staub der Büsten, im Flügelschlag und in der Geste des Kalligrafischen liegt stillgestellte Bewegung. Und in dieser Bewegung wird die Hand, die die Schreibgeste vollzogen hat, sichtbar. Und im Ornament, das die Laufbewegung des Schlittschuhs nachzeichnet, schreibt sich der die Bewegung vollziehende Körper ein und verschwindet zugleich in der strikten Geometrisierung.

Visuell, skriptural und räumlich wird aus Schrift und Kopf eine Karte von Abwesenheit und Sichtbarkeit, Geschichtlichkeit und Präsenz gezeichnet, die die Betrachter entfalten können. Mit dieser Pinterschen Karte kann man in die Stadt, in das Zentrum als den eigentlichen Aufenthaltsort solcher Büsten zurückkehren und fragen: Welche Schrift setzen sie in den Stadtraum? In den Stadtraum als narrative Oberfläche, als Abfolge und Ineinander von Räumlichkeiten und Images, Straßen, Plätzen und Bildern. Im urbanen Screen spielen Figuren an Architekturen und an Denkmälern und hierher gehören auch Büsten, steinerne und eherne Porträts. Hier sprechen sie ihre eigentliche Sprache, die Klaus Pinter in der Hermesvilla zerstreut und in eine andere übersetzt hat. Hier im Stadtzentrum stehen sie vor und in Gebäuden, in Grünflächen, einzeln oder bilden Gruppen, oft ganze Figurenparks. Sie zeigen Personen – fast durchwegs Männer – mit bestimmtem Auftrag, d. h. Persönlichkeiten, deren politische, militärische, wissenschaftliche oder kulturelle Leistungen für die Gesellschaft als relevant angesehen wurden, und erzählen von den Orten, an denen sie stehen. Im Haupthof der Universität und vor der Technischen Universität defilieren Wissenschaftler- und Erfinderbüsten. Im Inneren der akademischen Häuser assistieren Rektorenporträts in Aulen und Sitzungszimmern den Versammlungen. Im Stadtpark begleiten Komponisten und Maler die Spaziergänger, vor der Kunstakademie vertreten Schiller und Goethe die beiden Kunstideale des Bürgertums. In den Pausenräumen des Burgtheaters mischen sich porträtierte Schauspieler und Schauspielerinnen unter die Besucher. Um Parlament und Rathaus scharen sich Bürgermeister und Präsidenten. Präsidenten reichen bis in jedes Klassenzimmer und jedes Zimmer der öffentlichen Verwaltung. Feldherren als Sieger und Soldaten als Kämpfende und Tote markieren heutige und ehemalige Orte äußerer und innerer Sicherheitsverwaltung.[6]

All diese Köpfe bilden eine Versammlung von Sprechern für Staat und Staatsbürgertugenden. Seit dem Hereinnehmen der Bevölkerung in öffentliche Vertretungen im 19. Jahrhundert wird die Integration der Staatsbürger auch in die Darstellung von Öffentlichkeit des bürgerlichen Staates aufgenommen. Die Büsten repräsentieren eine Identität von Person und Staatsbürger und damit den Staat und die Nation als Versammlung von klugen, erfinderischen, musischen, kämpferischen und politischen Köpfen. Solche politisch-ästhetischen Strategien sind Teil der Formierung bürgerlicher Nationalstaaten und zeigen sich in allen Stadtum- und Stadtneubauten des 19. Jahrhunderts. Es werden Zonen der nationalen und staatlichen Repräsentation ausgebildet, in denen ‹Hauptstadt› als Mitte des Staates dargestellt wird. Somit wird ein räumliches und ideelles Zentrum der Stadt und des Staates ausgebildet – das, was im Kern als öffentlicher Raum bezeichnet wird.

In Wien ist diese Zone der Ringstraßenbereich. Die Ringstraße verräumlicht die obersten Instanzen des bürgerlichen Staates in Gebäuden (Parlament, Rathaus, Ministerien ...), formiert allmählich bürgerliche Öffentlichkeit und bündelt staatliche Repräsentation in einer urbanen Zone, die das alte (und herrschaftliche) Zentrum mit den Vorstädten der Bürger verzahnt. Mit den Gebäuden der Amts- und Regierungssitze bzw. der öffentlichen Institutionen wird eine räumliche Ordnung dargestellt, in deren Kontext sich Assoziationen um Staat, staatliche Notwendigkeit und nationale Verpflichtung entfalten und realisieren können. An diesem urbanen Monumentalisierungsprozess sind die massenweise aufgestellten Denkmäler und Büsten intensiv beteiligt. Sie verstärken die öffentliche Rhetorik bzw. bringen sie ganz unvermittelt zum Sprechen. Bis heute ist die

Ringstraße eine politisch sensible Zone und wurde durch alle politischen Systeme hindurch für Selbstdarstellungen von staatlichen und politischen Gruppierungen zentral genützt. Und jede politisch-historische Epoche hat sich in diesen Raum sichtbar bleibend eingebracht und gleichzeitig die bereits bestehende Szenerie mitgenützt. Nicht nur um die Jahrhundertwende wird dieser monumental politische Raum geformt, auch im Roten Wien ziehen hier Köpfe, wie Jakob Reumann oder Viktor Adler, ein. Und diese Besetzung der Monumentalzone mit Ehrenmännern dauert fort.[7] Mit dem Roten Wien sind öffentliche Porträts auch vermehrt an die Peripherie gelangt, in Wohnhöfe mit Büsten von Lassalle oder Matteotti. Zudem tragen die kommunalen Wohnbauten fast durchwegs Namen von sozialistischen Denkern und Politikern, wodurch die väterliche Patronanz der Kommune und des Sozialismus ausgewiesen und die Rolle des Öffentlichen im Wohnen bzw. der Wohnbau als zentrale gesellschaftspolitische Aufgabe vorgestellt wird.

Öffentlicher Raum ist jedoch nicht nur Gebäude und Denkmal, sondern die hegemoniale Diskursebene einer Gesellschaft, die sich aller Darstellungssysteme und Medien bedient, die einer Gesellschaft historisch zur Verfügung stehen. Heute korrespondieren die Denkmäler der Ringstraße mit ihren massenmedialen Verwandlungen, wie Übertragungen von Reden und staatlichen Festakten im Radio oder Fernsehen, z. B. der Rede des Bundespräsidenten – im Brustbild – an national bedeutsamen Tagen.

Die genannten Darstellungen zeigen fast immer nur Köpfe. Eindeutig kopflastig. Und wo bleiben die Körper? Noch in der Monarchie wurde das Zentrum der Stadt mit den Resten der kaiserlichen Körper besetzt bzw. die Körper in Herz- und Eingeweideurnen oder Sarkophagen verteilt, im Stephansdom, in der Augustinerkirche und in der Kapuzinergruft. In der Republik erhalten nur manche und ganz wichtige der Dargestellten auch einen sichtbaren Körper. Die sichtbaren Körper sind im Allgemeinen jedoch ohne Person, haben keine persönliche Identität, denn die eigentlichen Denkmalskörper sind zumeist Allegorien, die abstrakte, allgemeine Vorstellungen der sozialen Ordnung darstellen.[8] Diese allegorischen Körper sind oft weiblich, bleiben selbst anonym und leihen ihren Körper der Darstellung von etwas Anderem. In diesem Anderen visualisieren sie ein imaginär Allgemeines und Ganzes der Gesellschaft, wie z. B. Gerechtigkeit, Weisheit oder Fürsorge. Welche Karte ließe sich von den Körpern der Stadt im Stadtkörper zeichnen? Vom Krankheitskörper im Pathologischen Museum, von dem Tierkörper im Naturhistorischen Museum, dem Reproduktionskörper in den Reliefs und Plastiken des Wohnbaus, dem erotischen Körper in der Warenwerbung. Welche Beschriftung entwickelt sich zwischen abwesenden und präsenten Körpern und den abgetrennten Köpfen der Porträtierten?

1 Zur Thematisierung des Wegfahrens und Verflüchtigens von Kaiserin Elisabeth vgl. den Film von Ruth Beckermann *Ein flüchtiger Zug nach dem Orient,* Österreich 1999.

2 Michel Foucault, *Archäologie des Wissens,* Frankfurt am Main 1990, S. 12.

3 Fredric Jameson, *Das politische Unbewußte. Literatur als Symbol sozialen Handelns,* Reinbek bei Hamburg 1988, S. 11.

4 Zitiert nach: Irene Nierhaus, *Adoration und Selbstverherrlichung: Künstlerische und kunstpolitische Schwerpunkte an der Akademie der bildenden Künste von den 30er bis Ende der 40er Jahre,* in: *Im Reich der Kunst, Akademie der bildenden Künste/Wien im Faschismus,* Wien 1990, S. 65–141.

5 Walter Benjamin, *Gesammelte Schriften,* Bd. I, Frankfurt am Main 1983, S. 701.

6 In der Monarchie bildet beispielsweise der Schwarzenbergplatz eine militärische Achse mit u. a. dem Feldherrndenkmal des Fürsten Schwarzenberg oder dem Militärkasino. Am Ende des Zweiten Weltkrieges wurde hier das Denkmal der Roten Armee aufgestellt. Ein anderes Beispiel ist die ehemalige Aufstellung des Denkmals von Feldmarschall Radetzky am Platz vor dem Bürgerlichen Zeughaus «Am Hof» – auch als Zeichen der Unterwerfung der bürgerlichen Revolution – bzw. seine spätere (und heutige) Aufstellung vor dem ehemaligen Kriegsministerium am Stubenring. Vgl. dazu auch Irene Nierhaus, *ARCH$^{6}$. Raum, Geschlecht, Architektur,* Wien 1999.

7 Im letzten Jahr wurde beispielsweise die Büste des Psychoanalytikers Erwin Ringel im Randbereich des neunten Bezirks aufgestellt.

8 Zum Körper der Allegorie bzw. zur Verwandlung des Regentenkörpers in den der abstrakten Allegorie in der bürgerlichen Öffentlichkeit vgl. Silke Wenk, *Versteinerte Weiblichkeit. Allegorien in der Skulptur der Moderne,* Böhlau, Köln-Weimar-Berlin 1996.

Seite 78–81
*Blendling II,* gekippte Spiegelellipse, vertikale Achsenlänge 7,5 m

**SIEGFRIED MATTL**

# ERINNERUNG – GEDÄCHTNIS – GESCHICHTE – ZEICHEN

## *Schlachtenlandschaft Hermesvilla*

Das Depot, der Speicher, das Archiv – auf eine noch wenig reflektierte Weise hat sich in der Kunst wie in der Wissenschaft eine Akzentverschiebung von der Zeit auf den Raum vollzogen. Wir neigen heute dazu, Identität und Subjektivität mehr mit dem Ort – oder mit wechselnden Orten – zu verbinden, denn mit temporaler Progression. Vor allem ist uns die Qualität der Zeit, das, was mit ‹Perfektibilität› durch Entwicklung und Erfahrung umschrieben worden war und ein Dogma der Moderne gebildet hat, zweifelhaft geworden; oder rätselhaft, um den präziseren Ausdruck zu nehmen, den der französische Philosoph Paul Ricoeur[1] auf die Geschichte anwendet. Das Rätsel beginnt schon in der sprachlichen Modalität der vergangenen Dinge und Ereignisse. Etwas kann in der Zeit ‹gewesen›, oder aber es kann ‹verstrichen› sein. Sprechen wir von Verstrichenem, so zeigen wir einen Verlust an, etwas Unwiederholbares, das zu Trauer und Melancholie (oder zur Freude) Anlass geben kann, uns aber (hinsichtlich der eigenen Zukunft) nicht weiter beunruhigt. Das Gewesene hingegen zeichnet sich dadurch aus, dass es auf eine paradoxe Art und Weise anwesend ist, abwesend-anwesend, wie Ricoeur betont, als Spur einer vergangenen Tätigkeit auf uns einwirkend.

Die Spur, der Abdruck, das Dokument – das ist das Prekäre an ihrer Existenz – sind für sich genommen keine Boten, kein Memento und kein Monument. Sie werden dies erst auf der Grundlage einer Entscheidung, die nötig ist, wenn wir uns mit ihnen konfrontieren. (Die erste Entscheidung lautet: Akzeptieren wir die Spur als authentisches Zeichen oder behandeln wir sie als Fälschung. Aber auch das setzt wieder eine arbiträre Entscheidung voraus, die ‹Authentiziät› als Wert einsetzt. In den Themen-Parks der globalen Unterhaltungsindustrie und beim Publikum der *adventure-lands* ist die Entscheidung eindeutig zugunsten der inszenierten Spur gefallen. Das scheint sie übrigens mit den historistischen Illusionsräumen zu verbinden, die uns die Hermesvilla als eine Art Disney-World für distinkte Geschmäcker des 19. Jahrhunderts offeriert.) Wie immer wir die Spur registrieren, wir müssen sie schon erwartet haben, um sie nicht zu übersehen. (Die Kriminologie ist ein exzellentes Beispiel für die Rekonstruktion der Geschichte als vergangene Zukunft: Sie muss zuerst ein Inventar an ‹Indizien› entwerfen, um einen unstrukturierten Tatort systematisch untersuchen und Signifikantes von Bedeutungslosem scheiden zu können.) Ohne ein theoretisches Schema lebten wir in einem Chaos gleichzeitiger Wahrnehmungen. So klärt sich für einen Phänomenologen wie Paul Ricoeur das Rätsel der Geschichte auf: Zuerst muss das künftig Mögliche ins Auge gefasst werden, um Strukturen des Vergangenen überhaupt denken zu können. Nur der Selbst-Entwurf auf die Zukunft hin (den Tod oder ‹das Ferne›, wie Ricoeur in

Abgrenzung zu Heidegger sagt) ist stark genug, die Differenzbildung der Subjekte zum Jetzt hervorzurufen und sie aus den blinden Routinen herauszuführen. Die Geschichte kommt immer erst nach diesem Bruch, hervorrufen kann sie ihn nicht.

Die (moderne) Geschichte als Geschichts-Schreibung beginnt mit einer Illusion. Sie beginnt mit der absoluten Verkennung ihres eigenen Stiftungsakts, den Ricoeur uns begreiflich macht. Der Historismus, den er als Ideologie begreift, diese ungemein aufwändig betriebene und machtvolle Bewegung des 19. Jahrhunderts, löst das Rätsel der Geschichte, anders als der Phänomenologe, auf fatale, doch fintenreiche Art. Für sie ist die ‹Spur› – das architektonische Gebäude, das Schriftstück, das Werkzeug – nichts anderes als die Objektivation eines Intellekts, der sich sozusagen in der Zeit selbst konstruiert, da ihm seine eigenen komplexen Strukturbildungen (die ‹Epochen›, die mehr räumlich als zeitlich aufgefasst werden) verständlich sind und wiederum zum Motiv von neuen Gegenwartsbildungen werden. Deshalb können die großen Historiker – es ist ein ausschließlich männlicher Beruf – die Staatsmänner ihrer Zeit mit historischen Analogien beliefern und zu den hauptsächlichen Politik-Beratern aufsteigen. (Das berühmteste Beispiel dafür ist die Beziehung zwischen Leopold von Ranke und Maximilian II. von Bayern.) Fatal ist, dass diese Art Geschichte stets die faktische Machtstruktur und -verteilung legitimiert, indem sie zufällige Gebilde wie Nationen, Staaten und Herrscherfiguren als die elementaren Kräfte identifiziert, die sich historisch bloß in unterschiedlichen Formen ‹objektivierten›. (Zum Beispiel während der Zeit der deutschen Staatenlosigkeit als ‹Weimarer Klassik› und ‹Volk der Dichter und Denker›.)[2] Der Historismus wurde damit zur Inspirationsquelle des patriarchalischen Nationalismus. Im Namen der Geschichte ließen sich alle Grausamkeiten und Unterwerfungen, die man ‹den Anderen› zufügte, rechtfertigen oder sogar als Selbstopfer darstellen, wie im Fall der ‹zivilisatorischen› Missionen des Kolonialismus.

Der Historismus hat aber auch das moderne Museum ins Leben gerufen, das als moralische Anstalt die idealen Objektivationen der ‹eigenen› Kultur präsentieren sollte. Dabei gibt es kaum eine groteskere Szene narzisstischer Selbstverkennung als die Versammlung von Porträtbüsten in einem Depot wie jenem des Historischen Museums der Stadt Wien, die der Ausgangspunkt für einen Teil der Installationen Klaus Pinters in der Hermesvilla ist. Die Anstrengungen, sich durch Mimesis in die künftige Vergangenheit einzuschreiben, sind hier einer harten Logik oder einem radikalisierten ‹Gedächtnis› der Moderne verfallen. Das Porträt des Komponisten verfällt hier ebenso wie jenes der Aristokratin oder des Mäzens der nivellierenden Prozessierung von Material, Eingangsdatum und Dimensionierung. Die Geschichten, auf denen die Geschichte aufbaut – die Biografien, Anekdoten, Ereignisse – werden eingehegt in eine anonyme und gegen die Zeit völlig gleichgültige Ordnung numerischer und skalierbarer ‹Adressen›. Ihre Exkavierung für die Ausstellung *Wiener Mischung* kann sie nicht vor dem Vergessen bewahren. Im Gegenteil: Eingepasst in einen Kontext, der das Figurative zunächst als raumstrukturierend erfasst, um es sodann als Einschreibfläche höchst eigenwilliger ästhetischer Überhöhungen zu nutzen, zeigt sich das leere Pathos des Monumentalismus, wie ihn sich der nationale Staat zurechtgelegt hat. (Da es sich um schematische Wahrnehmung handelt, vermöchte auch die Aufnahme antiker und sakraler Büsten nichts daran zu ändern.)

Indem er sich auf ‹Wesenhaftes› wie ‹Staat› und ‹Individuum› bezog, das in den Objektivationen (epochengemäß) nur seine Repräsentation veränderte, führte der Historismus eine kulturelle Wende von der magischen und allegorischen Lektüre der Welt und der Kunst zur indexalischen herbei. (Korrekt müsste man sagen: Er alliierte sich mit anderen modernen Diskursen wie der Physiognomie und der Psychologie, die Symptome rubrizierten und diesen strikte Verbindungen zu ‹Charakteren› und ‹Typen› zuteilten.) Da es vor allem um Geschichts-Schreibung ging, was die Möglichkeiten zur Revision und Neuinterpretation ins Unendliche verlängerte, und nicht mehr um rituelles Geschichtenerzählen oder die Erstellung genealogischer Tableaus, steigerte sich das Reservoir an Darstellbarem ungemein. Zum einen ging nun von einem ‹falschen› Gebrauch der Dinge und Objekte, beispielsweise von der Betrachtung oder Berührung eines Heiligenbildes durch nicht-legitimierte Personen oder außerhalb ritueller Zeiten, keine Gefährdung mehr aus, zum anderen entfiel die Schranke der ‹Bildung›, die nötig war, um, wie im Klassizismus, den Kanon der Darstellungen zu verstehen. Und schließlich produzierte die Geschichts-Schreibung eine solche Menge neuer ‹Bilder›, dass sie nur noch arbeitsteilig, mithilfe z. B. der historischen Kostümkunde, den Anforderungen nach Illustrierung der Vergangenheit nachkommen konnte. Der Historismus setzte damit die erste Welle der Massenkultur in Gang, die sich mit Schlachtenbildern, Fürstenporträts und ‹historischen Szenen› in den illustrierten Zeitschriften, später auch in Sammelbildern, niederschlug. Die Geschichte, die die Gesellschaft jetzt erfasste, war also eine voller sinnlicher Attraktionen und eine, die konsumiert werden konnte. (Klaus Pinters Installationen rufen uns gerade dieses verführerisch Konsumptive, das scheinbar immer schon Verstandene, das sich in der Hermesvilla üppig zur Verfügung stellt, ins Bewusstsein.) Das Geheimnis lag darin, dass es sich bei der modernen Geschichts-Schreibung tatsächlich um eine Überführung der Vergangenheit in Schrift – in die ‹vereinbarte Spur›[3] – gehandelt hat, das heißt, in ein beinahe unbegrenzt ausdehnbares, rekursiv zugängliches Medium, das die Bedingungen, unter denen die Gesellschaft Geschichte ‹erleben› konnte, fundamental änderte. Schrift – als Aufzeichnungstechnik verstanden – ermöglicht, wie Paul Ricoeur eindringlich argumentiert, die vollständige Trennung zwischen Gedächtnis und Erinnerung, zwischen der Produktion des geschichtlichen Raumes, in dem Erinnerungsbilder platziert werden können, und den Erinnerungen selbst. Während vor der Kultur der modernen Geschichts-Schreibung die Erinnerungen in Ritualen wiederholt werden mussten und damit notwendigerweise in komplexe Sinnbezüge (und streng hieratische Kontexte) integriert waren und deshalb einer differenten Interpretation und gar Umarbeitung versperrt blieben, macht das moderne Gedächtnis namens Schrift (oder Text) die Erinnerung zum distinkten, selbstgenügsamen ‹Ereignis›, das der nachträglichen Bearbeitung freisteht. Nun – und damit kommen wir auf die Faszination der Porträtbüste für ein bürgerliches Publikum des 19. Jahrhunderts zurück – lag es am Einzelnen, die Erinnerungen wieder und wieder umzuarbeiten und zu rekombinieren. Der Historismus, das ist eines seiner Paradoxa, entfaltete sich also durch die Individualisierung der Arbeit an der Erinnerung, während er als deren Substrat und Bedingung ihrer Enträtselung stets ein intelligibles Pseudo-Kollektiv (wie ein Volk oder eine Nation) in Anspruch nahm. Nur so ist zu erklären, warum sich die Protagonisten dieser neuen Kultur – die Wissenschafter, Künstler, Bildungs- und Wirtschaftsbürger – derart für die Porträtbüste und für ihre neue Funktion zu interessieren begannen, die ich mit der ‹intentionalen Spur› umschreiben möchte: Ihre wahre Subjektivität konnte sich erst in der künftigen Vergangenheit erweisen, so wie sich ihre ganze ‹historisch› getarnte Moral eigentlich nur radikal zukunftsorientiert formulieren konnte.[4]

Klaus Pinters *Wiener Mischung* macht deutlich, dass die Arroganz der neuen bürgerlichen Eliten, die sich in das ‹Schicksal› ihrer (wie auch immer konzipierten) Kollektive als Individuen dauerhaft einschreiben wollten – ein weiterer Sinn von Museumsgründungen –, ganz und gar unangemessen war. Und sei es aus dem einzigen Grund heraus, dass die Entbettung sozialer Praktiken wie der Erinnerung aus fixen Zeit-Raum-Bedingungen jedes ‹Ereignis›, jede ‹Objektivation› ihrer Autonomie beraubt.

1 Paul Ricoeur, *Das Rätsel der Vergangenheit. Erinnern – Vergessen – Verzeihen,* Göttingen 1998.

2 vgl. Hayden White, *Metahistory. Die historische Einbildungskraft im 19. Jahrhundert in Europa,* Frankfurt/M. 1991, insb. S. 220ff.

3 Jacques Derrida, *Grammatologie,* Frankfurt/M. 1996, S. 81.

4 Auf dieses Paradox von (bürgerlicher) ‹Geschichte› als Kollektivsingular und als individuelle Intention verweist auch Reinhard Koselleck *Vergangene Zukunft. Zur Semantik geschichtlicher Zeiten,* Frankfurt/M. 1984, insb. S. 260ff.

Seite 86–93
*Konstruktion hybrid,* Acrylglastunnel durch das Schlafzimmer und das Turnzimmer der Kaiserin Elisabeth, 22 × 1,6 × 2,8 m

**MARKUS MITTRINGER**

# AUF AUGENHÖHE DER ZEIT

## *Rahmenbedingungen der österreichischen Moderne*

I

Ein Gemengsel also, ein Durcheinander. Eine Mischkulanz aus Missmut und Missgunst. Immer modern, stets auf der Höhe der Zeit. Die *Wiener Mischung,* der Drogencocktail aus Kaffee und Heurigem bewirkt Übellaunigkeit. Eine abgelegte Präsidentengattin wirbt für Kaffee, der seinerseits mit der Silhouette eines Mohren wirbt. Ein anderer Mohr war zeitlebens im Dienst bei Hofe, hatte einzig die Aufgabe zu erfüllen, er selbst, also schwarz, also anders zu sein, ehe man ihn ausstopfte und zum unbestimmten weiteren Gebrauch deponierte.

Auch ein Burgtheaterdirektor erfüllte seine Aufgabe, fremd und anders zu sein, ehe man ihn ... – das verboten die Zeiten. Also verwahrt man ihn im Gedächtnis als den, der dem Hass, der verbreitetsten Form angewandter Wiener Folklore, am weitesten entgegen kam. So bewahrt man hierzulande, so bleibt man in Erinnerung, das nährt das goldene Herz. Und das geschieht höchst professionell. Es gibt einen Gipskopf von Franz Grillparzer, inventarisiert, katalogisiert, für Generationen hinaus konserviert. Und es gibt irgendwo da draußen im Stadtbild den bronzenen Abguss eben dieses Schädels des Nationaldichters, auf den stolz zu sein weit mehr bedeutet als nur eine Pflichtübung für Volksschüler.

Aber es gibt keine einzige verfügbare Gesamtausgabe vom Werk des Sohnes eines Advokaten höchst natürlicher Verschlossenheit. Schon gar nicht bekommt man die Selbstbiografie, die gesammelten Erinnerungen und Erlebnisse des ewig kränkelnden Heiligen im Status eines Beamten. «Die Akademie forderte mich (nunmehr zum drittenmal) auf, ihr meine Lebensumstände zum Behufe eines Almanachs mitzuteilen. Ich will es versuchen; nur fürchte ich, wenn sich das Interesse daran einstellen sollte, zu weitläufig zu werden. Man kann ja aber später abkürzen.» Wie geschrieben, so geschehen. Was vom Dichter übrig blieb, ist ein Gipskopf. Und der ist einer unter hunderten anderen in einem der denkwürdigsten Depots überhaupt.

Hunderte Büsten harren nebst einer erklecklichen Anzahl von Totenmasken, Abgüssen final verkrampfter Hände, Stehlampen und Aschenbechern aus den Schreib-, Zeichen-, Mal- und Formstuben mehr oder weniger wichtiger nationaler Größen, in einem der äußeren Wiener Gemeindebezirke ihrer Verwertung. Und da ‹deja vu› in Wien stets mit ‹Der war es!› übersetzt wird, stehen wir inmitten der größten Datei dreidimensionaler Phantombilder der Kriminalgeschichte. Ein Schild mit der Nummer des betreffenden Aktenvermerkes um den Hals gehängt, ein Kopf- und Handabdruck genommen: fertig.

Die Stadt ist auf Bedarf hin schwanger. Man ist auf jeden nur erdenklichen Gedenktag vorbereitet. Man eingedenkt nicht, man pflegt anzugedenken. Was auch immer sich jährt, man ist vorbereitet, gerüstet für die Wiederkehr auch noch der unmöglichsten Jubiläen, bewehrt mit Reliquien, bewaffnet mit den trefflichsten Abbildern von Vertretern der unterschiedlichsten Gesinnungen, Schöpfern von merk- wie denkwürdigen, längst verschollenen Werken. In diesem Vorbereitet-Sein auf alle Fälle offenbart sich die immerwährende Neutralität der ‹Wiener Mischung›.

Von unsterblichen Verwesern konservatorisch korrekt entstaubt, überdauern die Objekte Zeiten und Ideen. Bis dereinst ein Bedarf besteht, und dann kann mit Fug und Recht darauf verwiesen werden, man hätte es immer schon gewusst. Denn irgendwann fällt hier alles der Wichtigkeit anheim. «Die Zeit, sie eilt so schnell voran, doch ich, ich bleib zurück», beginnt Franz Grillparzer wehleidig ein Gedicht, wohl wissend, dass die drängende Zeit ihn von hinten wieder einholen wird, und er dann die Vorhut, die Avantgarde bilden wird. Für einen Moment nur, aber immerhin. Es gilt auszusitzen.

Der Heurige unterscheidet sich vom Gestrigen durch nichts. Deshalb freut man sich alljährlich so auf ihn. Unsere Diana heißt Sisi und hat schon längst ein Musical. Und ihre Bleibe dient längst schon der Wallfahrt. Da werden Spritzer gekocht, Torten inhaliert, da werden Nudelsuppen geschlürft und Saucen aufgesogen. Da wird die nationale Identität am Sonntagnachmittag genährt.

Der Hort des Geschichtsbewusstseins ist ein Erholungsgebiet. Hier hat Sisi geturnt, hier lässt sich authentisch völlern. Hier wird der Geist absorbiert, hernach kann man gut Wildschweine füttern und herrlichen Hirschen inständig ihre Kühe im geschützten Gehege neiden. Der Mischdrogeneffekt setzt ein und Abgründe bügeln sich selbsttätig zu Gründen. Zuerst Sisis Schlafzimmer, dann Sisis Bar, eine Station, Geschichte zu jausnen. Ein Ort utopischen Eingedenkens, eine weitere Bastion des Guten. Hier ist der Regelarbeitstag außer Kraft, hier, im Jenseits der Misere, wird anständig teilgenommen an der Art der großen Welt.

«Das ist die Hermesvilla», sagt der Vater zu dem Sohn, stellt die abgebrauchte Oma kraft seiner Barschaft mit geschlagenem Obers ruhig, atmet den Gurkensalat röhrend aus und fordert die Servierkraft (nunmehr zum drittenmal) auf, frische Rauschmittel und Tranquilizer zu servieren. «Hier hat Sisi gewohnt, hier ist es schön», setzt der Vater wortreich an, sich zu erinnern, ehe Firmament und Erbrechen zur Heimkehr mahnen. Und draußen wird es wieder gemein sein. Man wird daheim sein. Und es wird wie immer sein.

II

Jetzt, wo das Archiv in die Jahre gekommen ist, neuere Fahndungstechniken den Gipskopf abgelöst haben, und nur noch ab und an ein Beleg der Arbeit subversiven Zeitgenossentums sich in das Depot verirrt, jetzt entdecken andere das gemeinhin unbekannte Kabinett der ewigen Andacht. Künstler zum Beispiel. Klaus Pinter zum Beispiel.

Und dann haben plötzlich, und das war nun wirklich nicht vorgesehen, alle Gipsköpfe gleichzeitig Ausgang. Nicht einer entkommt, kraft eines Geburts- oder Todestages, der sich zum x-ten mal jährt, verbunden mit dem Glück, dass das dann gerade auch jemanden interessiert, der Tristesse des Seins im Fundus, nein alle. Also fast alle, aber das ist nicht sonderlich wichtig.

Eine ganze Schar von Untoten bekommt Grufturlaub. Gemeinsam besuchen sie Sisi, werden, vorbei am bekannten Altenheim, in den Lainzer Tiergarten chauffiert, um dort einem neuen, ihnen ganz und gar fremden Zweck zu dienen. Und so begaben sie sich auf Klaus Pinters Kommando hin, heraus aus der heillos trüben Lagerstätte, hinüber in die zur Gedenkstätte umfunktionierte Teilzeitbleibe der edlen verschiedenen Leibestüchtigen. Wo sie in geordneten Formationen Aufstellung nehmen mussten und nichts weiter zu tun hatten, als sich mit dem Umstand anzufreunden, als anonyme Masse und nicht jeweils als Solitär wahrgenommen zu werden.

Und mit der Tatsache, dass man mittlerweile *unter* einer Büste etwas anderes als Sockel versteht. Und auch, dass die Art und Weise, sie vor Schwerkraft wie Diebstahl zu schützen, jeglichen Respekt vermissen lässt, war gewöhnungsbedürftig. Den einen zwicken die Universalkabelbinder am Ohr, dem anderen schneiden sie die Luft ab, einem dritten begrenzen sie die Aussicht. Wüssten die ohne Unterleib um die neue Methode des praktischen Festnehmens Bescheid, sie fühlten sich abgeführt, hätten allen Grund, ihre Lage als eine missliche zu beurteilen. Auf jeden Fall wieder fremdbestimmt. Immerhin aber: Einem jeden von ihnen wurde ein Gestänge zum Anlehnen auf das Leibfragment geschneidert. Man nennt das für Beifahrer in einem anderen Kontext eine Sissybar.

Und dann die Beleuchtung: Bänder künstlichen Lichts winden sich pflanzengleich durch die Formationen, greifen weit in den Raum, dringen erhellend in die Sockel ein, decken sich dort mit kunstfertig verdrehten Eisenbändern, umspielen dekorative Aluminiumgebilde, entspringen und enden in brummenden Transformatoren. Nichts ist verdeckt, nichts vertuscht. Alles ist anders.

III

Auch für diejenigen unter den Gipsköpfen, die nicht auf Zylindern aus gebogenem Baustahlgitter ruhen, sondern von Sockeln aus gebündeltem und gepresstem Altpapier aus, ihre Inventarnummern als Geschmeide zur Schau stellen. Die ruhen temporär auf der geschredderten Verdichtung zeitgenössischen Zu-Papier-Bringens. Auch für die ist alles anders. Wofür stehen die jetzt, wofür halten die jetzt ihren Kopf hin? Wieso müssen sie jetzt Massen unbekannter Menschen in die Augen schauen, nur weil diese scheiß neuen Sockel jedes Aufschauen verhindern, sich gar noch gleichwertig gebärden, ja ganz im Gegenteil, die Blicke nach unten ziehen, um sie auf sich zu lenken; und nicht als einzig legitime Blickrichtung eines ehrfürchtig gesenkten Hauptes.

Ja ist man denn bloß noch Staffage? Da gibt man seinen Kopf hin, das Gedächtnis dieser Stadt auf ewig zu repräsentieren und dann so etwas. Da schluckt man ein halbes Nachleben lang Staub und dann wird man von einem fremden Kunstwollen vereinnahmt, dem nicht einmal ein Monarch vor- und beisteht.

«Das hätte die Sisi nicht gewollt», sagt der Vater zu dem Sohn und nimmt die Witterung der nahen Gastronomie auf, derweil die Mutter an einen Hengst denkt und daran, ihr Haar beim Galoppieren wehen zu lassen. Allein die väterliche Lust schloss dieses bisher aus.

IV

Im Depot herrscht Ruhe. Der Künstler tritt auf und bedient sich selbst. Er begreift den Speicher als Fundus und stülpt die Gebärmutter aller Andachtsbilder nach außen. Er lässt die Köpfe der Stadt geordnet in eine ihrer Gralskammern rollen. Endemisch breiten die sich dort aus, wie ein gemeines Virus aus Schwarzafrika. Und weil der Künstler das Geschehen als Stück begreift – ein Königsweg zur ästhetischen Distanz als konstitutive Bedingung für die Erfahrung des Schönen in Natur und Kunst –, gibt er den Metastasen des aufbereiteten kollektiven Gedächtnisses eine Form. Er wählt die Groteske, verbindet auf phantastische Weise Mensch und Rankwerk, Rumpf und Sockel, Licht und Schattenwesen zu einem gewaltigen Ornament, um so dem Palast der Monarchie zu zeigen, wer hier der DJ ist.

V

«Als es zur Aufführung kam, erhielten die drei ersten Akte begeisterten Beifall, die zwei letzten gingen leer aus. Erst nach mehreren Jahren gelang es einer begabten Schauspielerin, das ganze zu Ehren zu bringen, ohne übrigens meine Überzeugung von den Kompositionsfehlern dieser letzteren Akte aufzuheben. In Deutschland wurde es nirgends gegeben. Es fehlte nämlich wie an Dichtern so auch allgemach an Schauspielern und endlich sogar an einem Publikum», erinnert sich Grillparzer, festgebunden.
*Wien/Grado im April 2000*

Seite 98–100
*Garnitur,* drei Figuren in Stachelbandrollen, 8 × 3,8 × 4,5 m

**KLAUS PINTER**

# IN DIE DINGE HINEINSÄGEN

*Fragmentarische Anmerkungen zur ‹Wiener Mischung›*

*Zum ‹Mischen›*

«[...] Die ‹Mischung› ist ein Begriff, der mich schon sehr lang interessiert. Konglomerate, Mengsel, Melange... – die ganze Litanei der Begriffe, die es diesbezüglich gibt. Dinge gegeneinander setzen, die im Grunde nicht zusammengehören. Dabei ändert sich das Nicht-Zusammengehörige pausenlos. Was jetzt nicht zusammenpasst, ist in zwei Jahren schon wieder überholt und aufgehoben. Es ist eine permanente Suche nach markanten Gegensätzlichkeiten. Die nicht-zusammengehörigen Dinge bewegen sich auf unterschiedliche Art, haben ihre eigenen Geschwindigkeiten und entwickeln ihr jeweiliges Eigenleben. Durch die extremen Veränderungen, die heute fortwährend stattfinden, und die unterschiedlichen Geschwindigkeitsverhältnisse in der Welt des optischen Verstehens kann man gar nicht anders vorgehen als eben durch das Mischen. Und so hat sich diese Vorgangsweise über die Ausstellungen in Bonn, Salzburg, im Wiener Palais Ferstel und im Theseustempel bis hierher weiterentwickelt [...].»

*Zum Depot als Ausgangspunkt*

«[...] Es musste ein Depot sein, das war klar. Ich habe mir alle möglichen Depots angeschaut, im Völkerkundlichen Museum, im Kunsthistorischen Museum und in den Kellern der Burghauptmannschaft unter der Hofburg, mit ihren desolaten Überbleibseln der Modelle, Kopien und Wettbewerbsvorlagen für den Ringstraßenbau. Dann habe ich das Zentraldepot des Historischen Museums gesehen und sofort gewusst, das ist es. Das Faszinierende an solchen Depots ist nicht die parallel oder nachträglich zur Auffindung der Objekte stattfindende Ordnung, sondern wie sie die Dinge aus ihrem historischen Rahmen herausreißen. Die Ordnungsprinzipien dieser Depots reichen von der scheinbaren Ordnung bis zum absoluten Chaos. Mich interessiert das geballte Chaos, das dort existiert, das Zusammentreffen von Objekten, die es in dieser Konstellation niemals gegeben hat. Das ist der springende Punkt: Durch die Art der Lagerung im Depot bekommen die Objekte eine völlig neue, aus ihrem ursprünglichen Rahmen losgelöste Funktion. Die Büsten sind in einer Art ‹Zuchthaussituation› und das steht in krassem Gegensatz zu ihrer ursprünglichen Repräsentationsfunktion. Jetzt kommen sie für die *Wiener Mischung* aus ihren Käfigen heraus, werden sorgfältig verpackt, präsentiert, gekoppelt und ergeben dann diese Masse an Ageschichtlichem und Arepräsentativem. Es bedarf besonderer Eingriffe, um die spannenden Fragmente herauszukatapultieren [...].»

*Zur Ästhetik der Mittelmäßigkeit*
«[...] Die Büsten sind vergessene Objekte jenseits der ‹kunstgeschichtlichen Auslese›. Ich finde es ja fast revolutionär, dass man sich in der Kunst immer stärker mit Mittelmäßigkeit auseinandersetzt und sie integriert. Heute geht es nicht mehr darum, sich nach Spitzenleistungen zu orientieren, sondern um Sammelsurien, um das Zusammenziehen von enormen Massen oder Verdichtungen von durchschnittlichen, kleinen Dingen, die dann im Ensemble eine intensive Formation darstellen. Man muss die Dinge heranziehen, die es schon gibt, in sie heineinsägen und sie übersetzen [...].»

*Zum Raumgreifen*
«[...] Meine Arbeit steht in bewusstem Gegensatz zu herkömmlichen künstlerischen Vorgangsweisen. Das war schon in den 60er-Jahren ähnlich: Man fertigte Zeichnungen oder Collagen von ganzen Städten an, grandiose Ideen, aber mit der Umsetzung gab es ein Problem. Eigentlich hat niemand ernstlich daran gedacht, diese Dinge tatsächlich zu bauen; das waren, wenn man so will, literarische Aufzeichnungen. Wir haben schon damals als Haus Rucker-Gruppe den Spieß umgedreht und gesagt, wir machen das anders. Wir reduzieren den Maßstab, zeichnen keine Städte, sondern bauen, was wir tatsächlich realisieren können. Das waren damals eben ein Sessel, ein Bett oder ein kleiner Wohnraum, aber das konnten wir 1:1 umsetzen. Weg vom Papier, hinein in andere Dimensionen. Das war der erste Schritt und daraus folgte ein völlig anderer Vorgang der Disziplinierung und Kontrolle einer kreativen Idee. Von da aus entwickelten sich völlig andere Strategien, die mit diesem Vor-sich-hin-Zeichnen nichts mehr zu tun hatten [...].»

*Zur Kunst der Logistik*
«[...] Natürlich ist das ein Kampf, bis man so ein Depot tatsächlich zur Verfügung hat. Es gehört einige Überzeugungsarbeit im Vorfeld dazu. Außerdem braucht man die unterschiedlichsten Materialien und vor allem Techniker und Handwerker. Die muss man kurzfristig zusammenstellen, und da setzt dann die Logistik ein: Vom einen weiß man, dass er erstklassig schwimmt, der andere ist ein Meteorologe, der dritte ist ein Vodoo-Zauberer, der vielleicht auch gebraucht wird, der vierte ist ein hervorragender Seiltänzer und so ergibt sich dann ein Konglomerat aus Leuten, die das Projekt wirklich umsetzen können. Mit Richard Resch zum Beispiel war das nie ein Problem. Der setzt sich ins nächste Flugzeug und realisiert ein Projekt in Kairo. Binnen kürzester Zeit kennt er sich in der Stadt aus und weiß, wo man welche Materialien herbekommt. Mit ihm und seinen Leuten ist das schon fast wie mit den Fallschirmspringern der militärischen Spezialeinheiten, die bei Nacht und Nebel über unbekanntem Gelände abspringen und einige Minuten später exakt am Knotenpunkt oder beim Kraftwerk sind. In den Mitarbeitern spiegelt sich die ganze Projektidee. Auch im Prozess der konkreten Umsetzung muss man die Gegensätzlichkeiten der Leute und das Nicht-Zusammenpassen ihrer Biografien genießen [...].»

*Zum Künstler als Fährtenhund und Spekulant*

«[...] Während der ganzen Arbeit bleibt man ein Fährtenhund. Man verfolgt eine Spur und baut nie auf Sicherheit. Das ist, was ich mir zu erhalten versuche. Zwangsläufig gibt es immer unbekannte Faktoren. Man stellt fest, so geht es nicht, gut, dann nimmt man etwas anderes, aber nicht ‹irgend› etwas anderes. Es geht immer darum, nicht alle Register der Orgel zu ziehen, sondern nur zwei, fünf oder hundert, aber eben die richtigen. Und wenn man so ein Reservoir wie dieses Depot zur Verfügung hat, kann man ‹hineinfahren›, sich die Dinge herausgreifen, sie wieder verwerfen oder neu gruppieren. Als Künstler ist man immer Spekulant. Gewisse Vorgangsweisen kennt man aus Erfahrung und man hat eine Vorstellung, wie sich das ‹wilde Tier› einfangen lässt. Aber nichts ist hundertprozentig, und das verpflichtet einen, sich ‹einzulassen› [...].»

*Zum ‹Messen›*

«[...] Die Lust am Visuellen hängt meiner Meinung nach von der Fähigkeit des Messens ab. Deshalb sind die für sich genommen statischen Objekte der Ausstellung weniger eine Sache, die zum Erinnern anregen soll, als dazu, Maß zu nehmen, Gegensätzlichkeiten zu bestimmen und sich mit den Proportionen auseinanderzusetzen. Proportion hat ja auch mit Begeisterung und Freude zu tun. Bedauerlicherweise ist die Freude in der österreichischen Kunst selten geworden. Vielleicht liegt es daran, dass so viele meiner Kollegen so ausgezehrte Figuren sind und das offenbar auch sein wollen. Es ist ein Kasteien bis ins Letzte und der Schmerz ist wichtiger als alles andere. Der Absturz ins Leiden wurde und wird hier unentwegt zelebriert. Hier erfrieren die guten jungen Leute, sie werden in das Prinzip Schmerz und in das Konzept ‹Reduktion bis zur Enthaltsamkeit› förmlich hineingezogen, und das hat offenbar auch mit dem Kunstmarkt zu tun. Es gibt noch genügend dem Leiden abgerungene persönliche Statements, die in den Kellern der Galerien herumliegen und verkauft werden müssen. Erst in letzter Zeit tauchen wieder junge Leute in der bildenden Kunst auf, die über ihren Schatten springen und neue, ganz andere Vorgangsweisen entwickeln [...].»

*Die Gespräche führten Traute Fabich und Bernhard Kellner*

Seite 104–107

*Haus der Laune,* Eisenkörbe mit Lichtrelief und Kunststoffrohren, 4 × 2,4 × 2,6 m

Françoise Mathey, *Archéologie de la ville,* Katalog, Paris 1977, o.S.
Siegfried Mattl, *Dezentrierte Subjekte. Zu Klaus Pinters Archäologie des Raumes,* in Katalog *Klaus Pinter. Tätowierte Göttin,* Wien 1999, S.7.
Catherine Milles, *Archéologie de la ville,* Katalog, Paris 1977, o.S.
Abraham A. Moles, *Archéologie de la ville,* Katalog, Paris 1977, o.S.
Paola Navone, Bruno Orlandoni, *Architettura radicale,* Mailand 1974.
Oswald Oberhuber/Kristian Sotriffer (Hrsg.), *Beispiele,* München/Wien 1971, S.36–40.
Heinz Ohff, *Galerie der Neuen Künste,* Gütersloh 1971, S.241–243.
Heinz Ohff, *Kunst ist Utopie,* 1972.
Ronald Oosterholt, *Berichten uit niemandsland,* TH Delft (Hrsg.), Delft 1976, S.45–53.
Lisl Ponger, *Doppleranarchie,* Falter Verlag, Wien 1990.
Arthur Quarmby, *The Plastics Architect,* London 1974.
Friedrich Rambousek, *Bilder, Bauten, Gebilde,* Wien 1974, S.92, 104ff.
Dieter Ronte, Einleitung zum Katalog *Klaus Pinter – Neue Arbeiten 1984/85,* Wien 1985, Falter Verlag, o.S.
Burghart Schmidt, *Melancholie der stimmigen Systeme,* in *Arkadische Zeichen,* Wien 1991.
Burghart Schmidt, *Tanz des Ornamentalen auf dekonstruktiver Müllkippe,* Katalog, Petersburg 1995, o.S.
Georg Schöllhammer, *Der Raum unter der Haut,* in *Arkadische Zeichen,* Wien 1991, S.50f.
Klaus Albrecht Schröder, *Die Re-Konstruktion des Elementaren. Notizen zu Klaus Pinter,* Katalog Wien 1985, S.43ff.
Klaus Albrecht Schröder, *Störung als ästhetisches Prinzip,* Katalog, Salzburg-Wien 1998, Triton Verlag S.7ff.
Guiseppe Sinopoli, *Archéologie de la ville,* Katalog, Paris 1977, o.S.
C. Ray Smith, *Supermanierism,* E.P. Dutton, New York.
Andreas Spiegl, *Wenn es Wirklichkeitssinn gibt, muß es auch Möglichkeitssinn geben …* in Katalog *Konglomerate,* Wien 1991, o.S.
Peter Stöger, *Notizen zu Klaus Pinter,* in: Katalog *Klaus Pinter – Arbeiten 1897/88,* Wien 1988.
Thomas Strauss, *Zu neuen Bildern von Klaus Pinter. Die konträre Morphologie des Zeitgenössischen,* Katalog, Petersburg 1995, o.S.
Karin Thomas, *Bis Heute,* Köln 1971, S.175–357.
Karin Thomas, *Kunst-Praxis heute,* Köln 1972, S.188–193.
Gerd Winkler, *Kunstwetterlage,* Stuttgart 1973, S.139–143.
Thomas Zaunschirm, *Klaus Pinter – Fallensteller,* Katalog, Wien 1991, o.S.
Thomas Zaunschirm, *Palimpsest – Klaus Pinter im Akademischen Kunstmuseum Bonn,* Katalogbuch zur Ausstellung, Ritter Verlag, Klagenfurt 1997.
Peter Zawrel, *Im Rahmen,* Katalog, Krems/Stein 1988, o.S.

**Publikationen (Auswahl)**

*Haus-Rucker-Inc., Archéologie de la ville,* Forum du Centre Georges Pompidou, Paris 1977.

*Klaus Pinter – Brandungen. Studien und Objekte zu Arten von Geschwindigkeit,* Edition Tusch, Wien 1982.

*Klaus Pinter – Skulpturen & Objekte 83. Selektion,* Galerie Lang, Wien 1983.

*Klaus Pinter – Neue Arbeiten 1984–85,* Palais Ferstel-Großer Börsensaal, Falter Verlag, Wien 1985.

*Klaus Pinter, Das große ZER – Installation 1988,* Niederösterreichisches Landesmuseum/ Blau-Gelbe Galerie in der Minoritenkirche Krems/Stein 1988.

*Klaus Pinter – Made in Tyrol,* Galerie Lang, Wien 1988.

*Zer-Schnitte – Arbeiten 1986/87,* hrsg. von Wilfried Seipel, Wien 1988.

*Klaus Pinter – Arbeiten mit Ornamenten 88/89,* AR/GE Kunst, Galerie Museum, Bozen.
Galerie Elisabeth und Klaus Thoman, Innsbruck.
Galerie & Edition Margine, Zürich.
Kunstraum Dornbirn 1989.

*Wolfgang Mistelbauer/Klaus Pinter, Arkadische Zeichen. Annäherungen zu Sport – Architektur – Kunst,* Löcker Verlag, Wien 1991.

*Klaus Pinter – Konglomerate.* echoraum und Galerie Lang, Wien 1991.

*Klaus Pinter – Mengsel, Arbeiten aus Papier,* Galerie im Stifterhaus, Linz u.a.O. 1993.

*Klaus Pinter – Das Petersburg Projekt im Nikolaus-Palais,* Akademie der Wissenschaften Rußlands – Russisches Institut für Kunstgeschichte – Navicula Artis, Petersburg 1995.

*Palimpsest – Klaus Pinter im Akademischen Kunstmuseum Bonn,* Akademisches Kunstmuseum Bonn 1997, Ritter Verlag.

*Klaus Pinter – Tätowierte Götter,* Installation in der Abgusssammlung des Instituts für Klassische Archäologie, Universität Salzburg, Alte Residenz, Salzburg-Wien 1998, Triton Verlag.

*Klaus Pinter – Tätowierte Göttin,* Kunsthistorisches Museum Wien im Theseustempel, Wien 1999, Verlag Skira.

## AUTORINNEN

**Heinrich Berger** (*1961 in Linz/OÖ), Historiker, ist Mitarbeiter des Ludwig Boltzmann-Instituts für Historische Sozialwissenschaft (Wien) und Lehrbeauftragter der Universität Wien. Forschungen und Publikationen zu Geschichte von Juden, Biografik, Gewerbegeschichte und computerunterstützten Methoden in der Geschichtswissenschaft.

**Gerhard Botz** (*1941 in Schärding/OÖ), Historiker, ist o. Univ.-Prof. für Zeitgeschichte an der Universität Wien und Leiter des Ludwig Boltzmann-Instituts für Historische Sozialwissenschaft (Wien). Forschungen und Publikationen u. a. zu Geschichte der Arbeiterbewegung, Nationalsozialismus, Gewalt, Demokratie und neueren Methoden in der Geschichtswissenschaft.

**Renata Kassal-Mikula** (*1943 in Wien), Kunsthistorikerin, Kuratorin im Historischen Museum der Stadt Wien. Forschungsschwerpunkte: Wiener Malerei und Architektur des 19. Jahrhunderts. Kuratorin zahlreicher Sonderausstellungen im Historischen Museum.

**Siegfried Mattl** (*1954 in Mürzzuschlag/Stmk.) studierte Geschichte und Politikwissenschaft an der Universität Wien; wissenschaftlicher Leiter des Ludwig Boltzmann-Instituts für Geschichte und Gesellschaft und Dozent am Institut für Zeitgeschichte der Universität Wien. Seine Forschungsschwerpunkte sind Wiener Moderne, Urbanismus und Zeitgeschichte.

**Markus Mittringer** (*1965 in Linz/OÖ) lebt als freier Autor und Kunstkritiker der Tageszeitung *Der Standard* in Wien.

**Irene Nierhaus** (*1955 in Mürzzuschlag/Stmk.) Kunsthistorikerin, Studium in Wien und Rom; unterrichtet an Universitäten in Österreich und Deutschland. Forschungsschwerpunkte zur visuellen Kultur mit kulturwissenschaftlicher Ausrichtung: Bild-Status von Raum und Architektur, Wohnbau und Wohnen, Kunst im öffentlichen Raum, Stadtraum, Architektur und Kunst des 19. und 20. Jahrhunderts.

**Ursula Maria Probst** (*1966 in Tulln/NÖ), Kunsthistorikerin und -kritikerin; Forschungsprojekte zu Louise Bourgeois in New York; Publikationen u. a. über Louise Bourgeois, Jenny Holzer, Maria Lassnig und Inge Morath. Seit 1998 Ausstellungstätigkeit sowie Projekte an der Grafischen Sammlung Albertina, Wien.

**Marc Ries** (*1956 in Luxemburg) lebt als Kultur- und Medienwissenschaftler in Wien. Forschung und Lehre im Schnittfeld Medien/Architektur/Kunst. Zur Zeit Vertretungsprofessur für vergleichende Bildtheorie an der Universität Jena, Fachbereich Medienwissenschaft.

*Der Künstler bedankt sich bei folgenden Personen, Firmen und Institutionen*

Andrä Aduatz, *Ausstellungsplanung*
Bunzl & Biach GmbH, *Altpapierverwertung*
Jerome Cucker, *Lichttechnik-Konzeption*
Jerry Cucker, *Lichttechnik-Konzeption*
Michal Čuřík, *Art-Handling*
Rosti Čuřík, *Art-Handling*
Tommy Czerny, *technische Mitarbeit*
Siegmund Daxner, *Restaurierungen*
Diana Deu, *künstlerische Mitarbeit*
Miriam Franke, *Administration*
Günter Fröhlich und Team, *Werkstätten (HM)*
Willibald Gapp, *Aufsicht (HM)*
Wolfgang Haselsteiner, *Kunstschmiedearbeiten*
Interlux GmbH, *Kunststoffproduktion*
Interspot-Film GmbH, *Filmproduktion*
Regina Janek, *Kanzlei (HM)*
Regina Karner, *Öffentlichkeitsarbeit (HM)*
Erna Kleinhofer, *Oberaufsicht Hermesvilla (HM)*
Karin Krank, *künstlerische Mitarbeit, Koordination*
Leblanc-Illuminations, *Beleuchtungstechnik*
Hans-Jörg Lohn, *künstlerische Mitarbeit*
Kurt Mayer, *Filmdokumentation*
Richard Mayerhofer, *Eisenbinderarbeiten*
Christian Nissl, *Studiensaal (HM)*
Franz Novak, *Verwaltung (HM)*
Alexander Pazdernik, *Öffentlichkeitsarbeit (HM)*
Angelika-Jacqueline Rakuscha, *Verwaltung (HM)*
Michael Resch, *Elektroinstallationen*
Richard Resch, *technische Supervision*
Kurt Revesz GmbH, *Acrylglasbau*
Stefan Ricout, *technische und künstlerische Mitarbeit*
Simone Sauze, *Übersetzungen*
Gerhard Schmolka und Team, *Werkstätten (HM)*
Julia Schneeberger, *wissenschaftl. Begleitforschung*
Hertha Schuller-Hamdi, *Verwaltung (HM)*
Rigo Schwarz, *Holzkonstruktionen*
Monika Sostek, *Kanzlei (HM)*
Markus Stöger, *Lichtinstallationen*
Robert Tar, *Kunststoffbau*
Roland Weber, *Eisenkonstruktionen*
Gertrud Wieser, *Restaurierung (HM)*
Julia Zangerl, *wissenschaftl. Begleitforschung*

Österreichisches Bundesheer, Miltärkommando NÖ, Oberst Reinhold Görg
3. Panzergrenadierbrigade Mautern/NÖ

**Leihgeber**
Niederösterreichisches Landesmuseum, St. Pölten